ŒUVRES INÉDITES

DE

VICTOR HUGO

THÉATRE

EN LIBERTÉ

PARIS

G. CHARPENTIER ET Cie, ÉDITEURS

11, RUE DE GRENELLE, 11

—

1888

THÉATRE

EN LIBERTÉ

ŒUVRES INÉDITES

DE

VICTOR HUGO

THÉATRE

EN LIBERTÉ

PROLOGUE
LA GRAND'MÈRE.
L'ÉPÉE. — MANGERONT-ILS ?
SUR LA LISIÈRE D'UN BOIS. — LES GUEUX.
ÊTRE AIMÉ. — LA FORÊT MOUILLÉE.

PARIS

G. CHARPENTIER ET Cᴵᴱ, ÉDITEURS

11, RUE DE GRENELLE, 11

1888

PROLOGUE

PROLOGUE

———

JUPITER.

Vous, Tragedie. et toi, Comedie, approchez.
J'ai là le bien. le mal. les exploits, les péches.
Demandez. Je prétends vous doter l'une et l'autre.
Parlez Que voulez-vous toutes deux?

LA TRAGÉDIE.

Moi l'apôtre

LA COMÉDIE.

Moi, l'abbé.

LA TRAGEDIE.

Le cothurne étoile.

PROLOGUE.

LA COMÉDIE.

Le sabot.

LA TRAGÉDIE.

Le laurier.

LA COMÉDIE.

Le jambon.

LA TRAGÉDIE

Le sénat.

LA COMÉDIF.

Le turbot.

LA TRAGÉDIE.

L'aveugle et le muet.

LA COMÉDIE.

Le myope et le bègue.

LA TRAGÉDIE.

Catherine.

LA COMÉDIE.

Cateau.

JUPITER.

Puis?

LA COMÉDIE.

Géronte.

LA TRAGÉDIE.

Don Diègue.

JUPITER.

Est-ce tout?

LA TRAGÉDIE

Non.

LA COMÉDIE.

Nenni.

LA TRAGÉDIE.

Je veux celui qui ment.

LA COMÉDIE.

Celui qui croit.

LA TRAGÉDIE.

Le juge.

LA COMÉDIE.

Et moi, le jugement.

LA TRAGÉDIE.

L'infini, l'absolu, l'immensité.

LA COMÉDIE.

Les bornes.

LA TRAGÉDIE.

Ton aigle, ô Jupiter ! ta foudre, Ammon !

LA COMÉDIE.

Tes cornes.

LA TRAGÉDIE.

Aller du Styx au ciel !

LA COMÉDIE.

De Paris à Saint-Cloud.

LA TRAGÉDIE.

L'âpre forêt.

LA COMÉDIE.

Le bal.

LA TRAGÉDIE.

Le grand lion.

LA COMÉDIE.

Le loup.

LA TRAGÉDIE.

L'amour sur le sommet de l'Ida.

LA COMÉDIE.

Dans un fiacre.

LA TRAGÉDIE.

Ève.

LA COMÉDIE.

Adam.

LA TRAGÉDIE.

Le berger Pâris.

LA COMÉDIE.

Et moi, le diacre.

LA TRAGÉDIE.

Le conquérant rebelle à Dieu.

LA COMÉDIE.

L'âne retif.

LA TRAGÉDIE.

L'imparfait de la vie.

LA COMÉDIE.

Et moi, du subjonctif

LA TRAGÉDIE.

La cloche.

LA COMÉDIE.

Le grelot.

LA TRAGÉDIE.

Le pontife.

LA COMÉDIE.

Le pitre.

LA TRAGÉDIE.

Les premiers temps des rois.

LA COMÉDIE.

Moi, le dernier chapitre.

LA TRAGÉDIE.

Les mots sublimes dits par les grands.

LA COMÉDIE

Les anas

LA TRAGÉDIE.

Les monstres marins noirs et terribles

LA COMLDIE.

Jonas.

LA TRAGÉDIE.

Le heros.

LA COMÉDIE.

Le coquin de neveu.

LA TRAGÉDIE.

Les quadriges

LA COMÉDIE.

Les omnibus.

LA TRAGÉDIE.

Moise et Bouddha.

LA COMÉDIE.

Leurs prodiges.

H H., 26 juillet 1869

LA GRAND'MÈRE

PERSONNAGES

LA MARGRAVE.
LE DUC CHARLES.
EMMA GEMMA.
LE PETIT CHARLES.
LA PETITE CÉCILE.
LA PETITE ADELE.
HERR GROOT.

PAYSANS, SOLDATS, BOURGEOIS

LA GRAND'MÈRE

Une forêt. Une maison dans la clairière. Un petit étang
Un saule. De grands arbres. Au fond, sur une colline,
à travers les branches, les vieux toits et les hautes
fenetres d'un château. La maison, presque enfouie
dans le lierre, n'a qu'un étage, les fenêtres sont
ouvertes, on voit dedans. Intérieur humble et propre.
Rideaux blancs. Un oiseau dans une cage. Devant la
maison, un petit jardin, un banc d'herbe, une table
avec tiroirs. Sur la table, quelques livres, une carafe
pleine d'eau et un verre. Une haie basse entoure le
jardin. Au lever du rideau, il n'y a personne dans la
maison.

SCÈNE PREMIÈRE

UN GROUPE, PAYSANS, BOURGEOIS.

QUELQU'UN DU GROUPE, UN BOURGEOIS.

L'homme qui loge ici, le connaissez-vous ?

UN PAYSAN.

Non

Il ne parle à personne.

UN AUTRE PAYSAN.

On ne sait pas son nom.

LE BOURGEOIS.

La maison est d'aspect pauvre.

UN DEUXIÈME BOURGEOIS.

                              Je le suppose
Sans le sou.

LE PREMIER.

Quel métier fait-il?

LE DEUXIÈME PAYSAN.

                         La seule chose
Qu'on sache, c'est qu'il vit tout seul, et qu'il vit la.

LE BOURGEOIS.

Seul?

LE PAYSAN.

Avec une femme et trois petits qu'il a.

LE BOURGEOIS.

Diable!

LE DEUXIÈME BOURGEOIS.

Il me fait l'effet d'un fou.

LE PREMIER.

                         L'affaire est sûre!
Venir dans ce désert louer cette masure!

LE DEUXIÈME.

Je soupçonne qu'il doit peu payer son loyer.

LE PREMIER.

C'est quelque mauvais gueux sans gîte et sans foyer.

UN PAYSAN.

Des fois, la nuit, de loin, je le vois qui regarde
Les étoiles qui sont dans le ciel.

DEUXIÈME PAYSAN.

Prenons garde!
Ça, c'est très dangereux.

TROISIÈME PAYSAN.

Ça peut porter malheur.

QUATRIÈME PAYSAN.

Si nous le dénoncions?

LE PREMIER BOURGEOIS.

Ce doit être un voleur.

SCÈNE II

LA MARGRAVE, HERR GROOT.

HERR GROOT.

Évanouissez-vous, gens de peu! quelqu'un passe.

Les bourgeois et les paysans sortent et se dispersent.

A la Margrave.

C'est ici.

LA MARGRAVE, la canne à la main, examinant la maison

La cahute est misérable et basse.

HERR GROOT.

J'attends vos ordres.

LA MARGRAVE.

Moi, bonhomme. vos conseils.

HERR GROOT.

L'histoire d'Angleterre offre deux cas pareils.
Jacques. duc de Grafton, fut l'amant d'une fille
Bourgeoise et de fort basse et petite famille,
Qui semblait l'adorer, c'est toujours comme ça ;
Il en eut des enfants, madame ; il la chassa ;
Ce fut très bien.

LA MARGRAVE.

Ce duc me plaît.

HERR GROOT.

                Page suivante .
Georges. duc de Bedfort. s'éprit d'une servante,
Il en eut des enfants, si bien qu'on jasa d'eux ;
Il l'épousa ; ce fut très bien.

LA MARGRAVE.

            Très bien tous deux ?

HERR GROOT.

Oui.

LA MARGRAVE.

Mais ayant suivi la conduite contraire.
L'un blâme et dément l'autre ; on ne peut se soustraire
A ceci que l'un d'eux fut aveugle, caduc,
Inepte. absurde !

HERR GROOT.

        Il est difficile qu'un duc
Se trompe.

LA MARGRAVE.

Il faut que l'un ou que l'autre radote.
Jacques chasse Goton, George épouse Phlipote;
Si Jacque a bien fait. George a mal fait, et Bedfort
Ne peut avoir raison sans que Grafton ait tort.

HERR GROOT.

Madame la duchesse a raison.

LA MARGRAVE.

Sur quoi, maître?

HERR GROOT.

Etant duchesse, aux ducs vous devez vous connaître.
Votre grâce ne peut mal raisonner.

LA MARGRAVE.

Alors
Si je raisonne bien. lequel de ces deux lords
A bien agi? parlez.

HERR GROOT.

Celui que votre grâce
Approuve.

LA MARGRAVE.

Les anglais ne sont pas de ma race.
Ils sont anglais, et nous allemands; laissons-les.

HERR GROOT.

Votre oncle l'électeur de Hanovre est anglais.

LA MARGRAVE.

Je suis margrave en Prusse et duchesse en Hanovre.
Mais je n'ai rien d'anglais; passons. — Donc il est pauvre?

HERR GROOT.

Très pauvre.

LA MARGRAVE.

En vérité. c'est monstrueux.

HERR GROOT.

                         Je crois
Qu'étant savant, il fait des herbiers dans les bois.
Il doit avoir un peu d'argent caché, qu'il mange.

LA MARGRAVE.

Voyons, comprenez-moi. c'est une histoire étrange.
Mon fils Charle est proscrit. Le chef de ma maison.
L'empereur, a banni mon fils avec raison.
Je le cherche. Voilà dix ans qu'il se dérobe.
Cet enfant, qui jadis ne quittait pas ma robe.
Et que j'avais toujours près de moi, maintenant
De fils s'est fait rebelle, et de prince manant.
J'enrageais. Je le hais de braver ma puissance.
L'autre jour tout à coup j'eus vent de sa présence
Dans un pays à moi que je ne connais point;
Ce duché-ci. J'accours.

HERR GROOT.

                  Le fuyard est rejoint.
Votre duché, madame, étant un lieu d'asile,
Naturellement s'offre à tous ceux qu'on exile.
Du reste, il n'est ici que depuis peu. Vraiment,
On demeure interdit qu'un margrave allemand
Soit venu s'établir dans cet endroit sylvestre.

LA MARGRAVE.

Vous êtes sénéchal, bailli, shériff, bourgmestre.
J'arrive. Informez-moi.

HERR GROOT, lui montrant le château au haut de la colline

Voici votre palais.

LA MARGRAVE.

A peine ai-je eu le temps d'en ouvrir les volets.
— Et vous dites qu'il est marié, c'est horrible!

HERR GROOT, saluant

Marié.

LA MARGRAVE.

Devant qui? devant quoi?

HERR GROOT, resaluant.

Sur la bible.

LA MARGRAVE.

Et qu'il a trois enfants!

HERR GROOT, saluant encore.

Pas plus.

LA MARGRAVE.

Rien que cela.
C'est la bible qui fait de ces sottises-là !

HERR GROOT.

Quand il a réussi quelque herbier magnifique...

Il hésite

LA MARGRAVE.

Eh bien?

2

HERR GROOT.

Il va le vendre a la ville.

LA MARGRAVE.

Il trafique!
Un fils de Charlemagne et de Josomirgot!

HERR GROOT.

La volonte du ciel soit faite!

LA MARGRAVE.

Vieux cagot!
Oh! j'écume. Un garçon qui pourrait être, en somme,
Bel esprit a Potsdam, à Versailles bel homme!
Je n'aurais jamais cru que mon fils emigrât.

Elle regarde la maison.

Taudis abject! trop bon encor pour cet ingrat!
Au fait, puisqu'on le chasse. il faut bien qu'il s'exile.
Mais pourquoi se fait-il chasser, cet imbécile?
Monsieur est philosophe. Il fronde les abus.
Il éclate de rire au nez des rois fourbus.
Il veut penser, lui prince! il veut jouer un rôle.
On le jette a la porte. On fait bien. Va-t'en. drôle!
Mais est-ce une raison pour se mésallier!
Je comprends qu'il se fasse. ainsi qu'un écolier,
Bannir pour un fatras d'opinions diverses,
Bonnes aux gens de rien, et chez les rois perverses;
Progres, raison, devoirs, droits, est-ce que je sais?
Mais que, flanqué dehors. il n'en ait point assez!
Mais que des algonquins il se fasse copiste,
Qu'il vive en de tels trous qu'on perd dix ans sa piste,

Qu'il vienne se cacher au désert comme un loup,
Qu'il ose. ensorcele par une rien du tout,
L'épouser, comme si l'on épousait! qu'il aille
Faire des tas d'enfants dans les bois! qu'il travaille
Pour vivre! qu'il fréquente un endroit où l'on vend!
Qu'il se connaisse en herbe. en foin! qu'il soit savant!
C'est lâche! c'est affreux! je voudrais être morte.
Alcade, comprends-tu? que le diable t'emporte!

HERR GROOT.

Je...

LA MARGRAVE.

Je suis hors des gonds. Je suis en vif-argent.
A force de marcher dans sa chambre en songeant.
Avec tout le vieux sang qui vous bout dans les veines,
On finit par s'emplir l'esprit de choses vaines,
Et par savoir par cœur les fleurs de son tapis.
Qu'est-ce que je disais?...

Examinant la maison

— Des murs tout decrépits.
— Quant à la femme. elle est ce qu'elle est. Je devine
Que la vilaine est jeune, adorable, divine,
Qu'elle a charmé mon fils sans penser au profit,
Qu'elle a mille vertus, et cela me suffit,
Je n'en veux pas. Beaute, soit. Vénus dans sa conque
Viendrait, ayant pour père un échevin quelconque,
Que je dirais : Allez être belle plus loin.
Vous n'êtes point ma bru.

Regardant la maison,

Lui, vivre dans ce coin!

— Qu'on n'imagine pas que, si je le rencontre,
Je faiblirai. Nenni. Le cœur, c'est une montre ;
Vous ne le montez pas, il s'arrête. Ah ! dauphin.
Nous allons voir ! je suis exaspérée enfin !
C'est laid, ce bois. Des pins, quelques méchants cytise
Aimer, cela fait faire aux hommes des bêtises,
Je le sais. On roucoule, eh oui, mais, un beau jour.
On dit : je suis stupide ! et l'on rentre a la cour,
Et l'on se débarbouille, et que Dieu vous bénisse.
Et, guéri de Javotte, on épouse Arthénice.

Regardant par les fenêtres ouvertes l'intérieur de la maison

Et pas même un sofa ! Quelle chute ! — Un buffet.
Quatre chaises de paille ! Oh ! comme c'est bien fait !
Qui les a mariés ? quelque béat sinistre ?
Un morave ?

HERR GROOT.

Un pasteur selon Augsbourg.

LA MARGRAVE.

                              Un cuistre !
Un fanatique ! un rustre ! On déteste les grands.
On leur fait ce bon tour de mêler tous les rangs !

HERR GROOT.

Altesse...

LA MARGRAVE.

          Oh ! cela fait du bien d'être en colère.
Qu'une bourgeoise ait eu l'audace de lui plaire !
Trois enfants ! c'est à mettre un homme au cabanon.
Ce n'est pas que je sois une momie. Eh non,

J'ai l'esprit de mon siècle, et n'en fais pas mystère,
J'écris de temps en temps à d'Alembert; Voltaire
M'adresse des quatrains; ça ne m'empêche pas
De faire aller mon peuple à la baguette.

HERR GROOT.

Au pas!
Taisez-vous! —C'est ainsi qu'on rend heureux les hommes.
—Je dépense pour vous, donc soyez économes. —
Voila comme un bon roi parle en père aux manants.

LA MARGRAVE.

Ce sont ces trois enfants qui sont impertinents.
On peut se tirer d'un. Mais de trois! quelle faute!
Un guêpier de marmots!

Regardant la maison

La baraque est peu haute.

Elle aperçoit les livres et se met a les feuilleter

Des livres — Montesquieu, Jean-Jacques, Diderot.
S'y plaire, c'est fort bien; mais y croire, c'est trop.
— Je croirais au bon Dieu, s'il fallait que je crusse
A quelque chose. Il veut singer le roi de Prusse.
Au fait, ce Frédéric fut jadis à mon gré;
C'est un roi d'athéisme et de gloire tigré;
Il a des gens d'esprit à sa cour; c'est un sage.
Au surplus, je ferai casser ce mariage.
— Nous le remarierons avec d'autres appas
Ayant couronne au front comme il sied. Ce n'est pas
Que je le blâme fort de ce libertinage
D'opinions qu'on a d'ordinaire à son âge.

Il a de qui tenir. L'empereur ni le roi
Ne me font peur. je suis chez eux comme chez moi.
Mon humeur à Schœnbrunn prend ses aises, ricane,
Gronde, et je fais sonner le plancher sous ma canne.
— Je hais les préjuges, ça sent le renfermé.
Mais un duc est un duc. — Oh! j'aurais tant aime
Avoir des petits-fils, j'entends des petits princes!
On leur donne des noms d'etats et de provinces.
Bavière, embrasse-moi. Saxe, viens te coiffer.
Tyrol, laissez le chat, vous vous ferez griffer.
C'est charmant. Je suis bien a plaindre. Vieillir seule!
Être grand'mère est doux, je ne suis qu'une aieule.

Regardant le château

Tout à l'heure j'étais seule en ce grand palais;
Plus ils sont beaux, etant vides, plus ils sont laids.
Mon pas etait lugubre en ces salles profondes.
Je disais : Il faudrait ici des têtes blondes.

Rêvant

La femme c'est l'enigme, et l'enfant c'est le mot.
Pour avoir pris à temps dans ses bras un marmot,
La feue impératrice a gardé la Hongrie.
—C'est puissant. les enfants! —Oh! je suis bien aigrie! —
Gertrude de Lusace était ce qu'il fallait.
Elle eût, certe, épousé mon fils, beau comme il est,
Et cette noce aurait enchante l'Allemagne,
Car de cette façon le sang de Charlemagne
Se serait rajeuni dans le sang d'Attila.
Quand je songe qu'avec cette Gertrude-là
Mon fils m'eût pu donner des enfants!—C'est infâme,
Au lieu d'une princesse, il épouse une femme!

J'ai tant aimé ce fils. Oh ! je le hais. Frappons.
Cadi, que puis-je ici ? quels sont mes droits ? reponds.

HERR GROOT.

Votre altesse est ici souveraine, et chez elle.
Ce peuple est bon. Il est votre peuple avec zele.

LA MARGRAVE.

Amen.

HERR GROOT.

          Bourgs et châteaux, jusqu'au dernier canton.
Ce pays est à vous.

LA MARGRAVE.

          Comment l'appelle-t-on ?

HERR GROOT.

Golgau.

LA MARGRAVE.

     Soit.

HERR GROOT.

          Votre altesse est margrave régnante,
Tante de l'empereur, reine.

LA MARGRAVE.

                    De plus plaignante.
Quels droits est-ce que j'ai ?

HERR GROOT.

                    Ceux qu'il vous plaît d'avoir.
Faire vos volontés, c'est tout votre devoir.

LA MARGRAVE.

Bonnes lois. — Vous tiendrez ma présence secrète.

HERR GROOT.

Qu'est-ce que votre altesse en ce moment decrete?

LA MARGRAVE.

Que vous êtes un sot d'abord.

HERR GROOT.

Et puis?

LA MARGRAVE.

Et puis,

Que je vais être enfin heureuse, si je puis...

Elle reflechit un moment.

Si je veux en prison fourrer mon fils?

HERR GROOT.

Madame,

Vous fourrez son altesse en prison.

LA MARGRAVE.

Et la femme?

HERR GROOT.

Au couvent.

LA MARGRAVE.

Au couvent. C'est bien.

HERR GROOT.

Sous les verrous

LA MARGRAVE.

Quel est le juge?

HERR GROOT.

Moi.

LA MARGRAVE.

Quel est le code ?

HERR GROOT.

Vous.

LA MARGRAVE.

Et si l'on résistait ?

HERR GROOT.

Vous avez une armée.

LA MARGRAVE.

Ah !

HERR GROOT.

De dix hommes.

LA MARGRAVE.

Bon.

HERR GROOT.

Des pas sous la ramée.

C'est...

LA MARGRAVE.

Qui ?

HERR GROOT.

Monseigneur.

LA MARGRAVE.

Lui ! Je ne veux point le voir !
Je veux frapper, les yeux fermés. C'est mon devoir.

HERR GROOT.

Il est avec sa femme et ses enfants.

LA MARGRAVE.

Il l'ose !

A Herr Groot.

Surtout, tais-toi !

HERR GROOT, à part

Donner des ordres bouche close,
C'est malaisé.

LA MARGRAVE.

Que tout soit prêt, pas de retards.

Frappant du pied

Je ferai déclarer ces enfants-là bâtards.

Regardant la maison

Oh ! l'affreux petit nid qu'a fait là ce rebelle !

HERR GROOT.

La cabane est difforme.

LA MARGRAVE.

Elle est beaucoup trop belle,
Et je le voudrais voir encor plus mal logé
Avec ses sauvageons dans la rage que j'ai.

Ils sortent Paraissent le duc Charles et Emma Gemma

SCÈNE III

CHARLES, EMMA GEMMA.

Au fond, dans le jardin, les trois enfants, jouant

EMMA GEMMA.

J'appelle ça l'eté. C'est superbe. Les branches
Sont joyeuses, — je t'aime. — et que de choses blanches !
Les lys, les papillons. les colombes ! Le ciel
N'endosse pas son bleu de Prusse officiel.
Il s'humanise, il a de tres jolis nuages !
On devine dans l'ombre un tas de mariages.
De l'abeille et du thym, de l'herbe et du rayon.
Dessine donc ce lierre, as-tu la ton crayon ?
Charles, tu ne sais pas, je suis toute contente.

CHARLLS.

Emma !

EMMA GEMMA.

Toi, nos enfants. J'ai tout ; rien ne me tente.
Je ne crains rien, qui donc pourrait trahir ici ?
Nous sommes innocents, et la nature aussi.
La forêt est pour nous ; je serais curieuse
De savoir si j'ai fait quelque chose à l'yeuse ;
Les fleurs n'ont nul motif de nous vouloir du mal.
Ce bailli m'a bien l'air un peu d'un animal,
J'en suis quitte pour fuir s'il vient dans la clairière.
Et je lui fais la moue en riant par derriere.

Le bonheur fait l'effet, ne l'éprouves-tu pas ?
Qu'on est chaque matin remariés tout bas ;
On sent quelqu'un. très loin et tout près, qui dans l'ombre
Met sur vous en silence une grande main sombre ;
On chante. on rit, on sent que l'âme est a genoux ;
Et l'on a sur le front je ne sais quoi de doux,
L'air. le printemps, le ciel, l'amour profond des choses.
Des benédictions faites avec les roses.

CHARLES, lui prenant les mains.

Oh !

EMMA GEMMA.

Comment nommes-tu ce gentil jasmin-la ?

CHARLES.

Un troene.

EMMA GEMMA.

Ils ont mis leur habit de gala.
Tous ces buissons. Partout des fleurs. Vois le beau saule !
La petite fait bien ses dents, elle est très drôle,
Elle égratigne avec son petit doigt vermeil.
Il me semble que Dieu m'a donné le soleil !
Charles. j'ai le soleil.

CHARLES.

Et moi. j'ai ton sourire.
Oh ! je t'aime. Les mots ne peuvent pas le dire
Voilà neuf ans, et c'est toujours le premier jour.

EMMA GEMMA, avec une grande reverence

Et monseigneur le prince est payé de retour !

CHARLES.

Prince! est-ce qu'on est prince? on est homme. on est libre.
Le peuple veut que. roi, je lui fasse équilibre?
Voyons sa signature au bas de ce contrat.
Personne n'est a moi. que moi.

EMMA GEMMA.

Que toi! l'ingrat!
Et moi? tu ne veux pas, dis, que je t'appartienne?

CHARLES.

Ange! oh oui, prends mon âme et je prendrai la tienne.

EMMA GEMMA.

Tu n'es pas prince. Soit. Ni Habsbourg, ni Bourbon.
Et moi, je ne suis pas un ange. C'est très bon
D'être une femme. On a des enfants. Trop de gloire
Ça gêne. Un ange vit sans manger et sans boire.
Moi. je dîne, j'ai faim, tu sais comme je bois.
Et j'aime bien manger des fraises dans les bois.
Un ange est impalpable, il fuit, rien ne le touche.
Un baiser, c'est bien doux. Si l'on n'a pas de bouche,
Comment faire? Et la nuit, si l'on ne dort jamais.
On s'en va donc planer seule sur des sommets.
C'est trop beau. Non. J'ai peur de l'azur, je me sauve.
J'aime mieux nos repas sur l'herbe. notre alcôve,
Nos fleurs, notre sommeil ensemble, nos rideaux,
Et des mioches au sein que des ailes au dos.
Oh! qu'il vienne jamais une heure où je préfere
Le paradis à Charle et le ciel à la terre,
Il faut rayer cela de vos papiers, bon Dieu.

3

CHARLES.

Reste femme, et sois ange.

EMMA GEMMA.

Ah! ça me trouble un peu.

CHARLES, pensif.

La naissance implacable est attachée à l'homme.
Oui. si je n'étais point par malheur ce qu'on nomme
Un prince, je dirais : un eden m'est échu.

EMMA GEMMA.

Tant pis, il fait si chaud que j'ôte mon fichu.
On est chez soi. Cette ombre est très peu frequentée.
C'est egal, je serais bien trop decolletee,
Si nous n'étions pas seuls.

CHARLES.

Ève. vous me tentez.

Il veut l'embrasser Elle s'enfuit en riant derriere le saule

Ce saule est dans Virgile. — Oh! viens a mes côtes.

Il s assied sur le gazon.

EMMA GEMMA.

A la condition que vous serez très sage.

CHARLES.

Je t'obéirai. Viens. L'aube est sur ton visage.

EMMA GEMMA, se rapprochant

Quel rendez-vous d'oiseaux que ce vert carrefour!

CHARLES.

Viens!

EMMA GEMMA.

Charle. autour de nous toute l'ombre est amour.

Elle se rapproche

CHARLES.

Viens!

Elle s'assied près de lui sur le banc. — Moment de plénitude
et de silence.

CHARLES.

Dieu veut que, parfois, l'ombre ait une âme gaie;
Et cette âme, c'est toi. Ma tête fatiguée,
Se pose sur ton sein. point d'appui du proscrit.
L'ombre, te voyant rire, a confiance et rit.
Les roses pour s'ouvrir attendent que tu passes.
Nous sommes acceptes là-haut par les espaces,
Et, tu dis vrai. les champs, les halliers noirs, les monts,
Sont de notre parti, puisque nous nous aimons.
Oui, rien n'est méchant, rien, rien. pas même l'ortie.
Que c'est charmant, l'étang, l'aurore, la sortie
Des nids au point du jour, chacun risquant son vol,
L'herbe en fleur, Dieu partout, la nuit, le rossignol;
Toute cette harmonie est une sombre joute,
Exquise en son mystère, et ta beauté s'ajoute
A la forêt, au lac, a l'étoile des cieux.
Le chêne, en te voyant, frémit, ce pauvre vieux;
La source offre son eau, la ronce offre ses mûres,
Et les ruisseaux, les prés, les parfums, les murmures,
Semblent n'avoir pour but que d'être autour de toi.
Emma, tu vas, tu viens, tu me parles ; sans quoi

Je mourrais. Avec nous l'ombre est de connivence ;
Peut-être quelque bras pour nous saisir s'avance,
Mais cet âpre désert nous cache, et, doucement.
Nous adopte, gagné par ton enchantement.
On te sent dans ces bois une espèce de fée ;
Tu dois. a ton insu d'un nimbe d'or coiffée.
Être une sainte ailleurs. dont c'est la fête ici.
Tu m'aimais à seize ans ! Oui, tout te dit : merci !
L'épanouissement universel t'encense.
Être une grâce. Emma, c'est être une puissance.
O solitude ! on aime, et vivre semble aisé.
C'est l'été, c'est midi, tout pardonne apaisé.
L'eau court sous les cressons, l'oiseau dans l'azur plonge,
Et les arbres profonds ont l'air de faire un songe.
Dieu tient l'homme, et l'emplit d'amour, en se servant
Des bois, du mois de mai, du nuage et du vent.
La vie auprès de toi, que sais-je ? c'est le charme.
Nos enfants sur le seuil. dans les fleurs une larme,
Tout jusqu'à ces gazons qui languissent le soir,
Prétextes à te mettre aux mains un arrosoir,
Et quelque pâtre au loin dont on entend la flûte !
Vois-tu, je n'admets pas, mon ange, une minute,
Que je puisse être au monde et ne point t'adorer.

EMMA GEMMA, l'œil humide.

Oh ! rire prouve moins le bonheur que pleurer.
Ces larmes, c'est la joie.

CHARLES.

O ma femme !

Ils s'embrassent. Les enfants interrompent leur jeu

CÉCILE, tirant Charles par l'habit.

Et nous, père!

Charles et Emma se retournent

EMMA GEMMA, souriant.

Ils sont jaloux.

Charles et Emma Gemma embrassent les enfants.

CHARLES, les yeux au ciel

Grand Dieu, sois bon dans ta lumière,
Sois clément! Je les mets sous ta garde.

EMMA GEMMA.

Pourquoi
Ce cri d'inquiétude? as-tu des craintes?

CHARLES.

Moi?
Non.

EMMA GEMMA.

Nous sommes ici bien cachés.

CHARLES, la reprenant dans ses bras.

Je te serre
Contre mon cœur, devant cette forêt sincere.
Non, rien ne peut tromper ici, tout est bonté.
Les bois, les fleurs, les champs disent la vérité.
La nature est l'azur qui n'a pas de mensonge.
Dans ce rayon qu'on voit, c'est Dieu qui se prolonge.
Ayons foi.

EMMA GEMMA.

Menons-nous les enfants dans le bois?

CHARLES.

Je vous suis.

EMMA GEMMA, aux enfants.

Tenez-vous par la main tous les trois.

A Charles.

Je vais mettre un chapeau.

A l'aînée

Veille aux enfants, Cécile.

Elle entre dans la maison — Les enfants entrent dans le bois.

SCÈNE IV

CHARLES, seul

L'empereur aurait-il découvert mon asile?
J'ai vu des gens armés rôder dans les taillis.
On ne me prendrait pas vivant! — Tous ces baillis
Sont autant d'espions.

LA VOIX D'EMMA GEMMA, dans la maison.

Charle!

CHARLES, haut

Oui!

A lui-même

Je suis mon maître,

La vie est un cachot dont j'ouvre la fenêtre,

Et je m'évade. — Chose étrange qu'au milieu
De l'amour, des baisers, des parfums, du ciel bleu,
Une sinistre idée obscurement vous ronge,
Et que la mort, serpent, rampe au fond de ce songe !

Il tire de sa poche un pistolet et le pose sur le banc de gazon

Non! cela ne se peut, je me serai trompé.
J'ai l'esprit d'alguazils et de sbires frappé.
— Pourtant, précaution.

Il prend dans le tiron de la table une poire à poudre

                    — J'ai l'âme à la torture.
S'ils étaient sur ma trace! Oh! la sombre aventure!
Femme! enfants!

Les enfants rient dehors

LA VOIX D'EMMA GEMMA.

          Entends-tu tout ça rire aux éclats?

CHARLES, haut,

Oui! — Ma mère que j'aime est contre nous, helas!

LA VOIX D'EMMA GEMMA.

Les enfants sont déjà bien loin dans le bocage.

CHARLES.

J'y vais.

Son regard rencontre la cage

          Le pauvre oiseau n'a pas d'eau dans sa cage.

Il verse de l'eau à l'oiseau, puis il charge son pistolet

Deux balles. Un peu plus de poudre. Liberté,
Te voila.

Il remet son pistolet dans sa poche.

EMMA GEMMA, paraissant

Je t'attends. Ils sont de ce côté.
Que fais-tu donc?

CHARLES, versant de l'eau a l'oiseau

Tu vois, j'arrange la volière.

Ils sortent Pendant la scene qui precede, on a vu au fond de la forêt des fusils briller dans les arbres Paraît Herr Groot en manteau, une baguette noire a la main Il epie la sortie de Charles et d'Emma Gemma, puis fait signe derrière lui Une dizaine de soldats paraissent. Entre la Margrave

SCÈNE V

LA MARGRAVE, HERR GROOT, Soldats.

HERR GROOT, aux soldats.

Œil au guet, sabre au poing. mousquets en bandoulière;
Cernez bien tout le bois, et faites de façon
Qu'aucun de vous ne soit vu de cette maison.
Venir quand je crierai : venez ! c'est la consigne.

LE SERGENT.

Bien.

LA MARGRAVE, a Herr Groot.

Quand j'agiterai mon mouchoir, sur ce signe,
Vous leur crierez : venez.

Herr Groot s'incline. — Les soldats, sur un geste de Herr Groot, se dispersent dans le bois Quelques-uns prennent position derrière les arbres, ou on les aperçoit.

LA MARGRAVE.

Non, je n'ai plus d'enfant!

A Herr Groot

Qu'on ait soin de ne pas tirer, s'il se défend.

Se frottant les mains

C'est dit. Menons à fin toutes ces aventures.

Regardant dans la maison.

Is sont dehors?

HERR GROOT.

Ils vont rentrer.

LA MARGRAVE.

Les deux voitures?...

HERR GROOT.

Sont là.

LA MARGRAVE.

De bons chevaux?

HERR GROOT.

Qui vont comme le vent.

Donc le prince?...

LA MARGRAVE.

En prison.

HERR GROOT.

Et la dame?...

4

LA MARGRAVE.

Au couvent.

Je ne sens pas du tout que ma colère baisse.
— L'abbesse consent-elle, Herr Groot?

HERR GROOT.

C'est vous l'abbesse.

LA MARGRAVE.

Ah!

HERR GROOT.

La prieure est là qui pour vous fait très bien
La chose, et le bon Dieu ne s'aperçoit de rien.
Le chapitre, étant noble, a de droit votre altesse
Pour abbesse.

LA MARGRAVE.

Il faudra mettre avec politesse
Cette dame en cellule.

HERR GROOT.

Au pain, à l'eau?

LA MARGRAVE.

Pantin,

Pas de zèle. Enfermer suffit.

Elle le congédie du geste. Il se retire sous les arbres sans disparaître
Entrent les trois enfants. Cécile a dans son tablier des fleurs mêlées
du foin Petit Charles la regarde avec admiration Adèle suit.

SCÈNE VI

LA MARGRAVE, LES ENFANTS.

Au fond, LES SOLDATS.

CECILE, detaillant ce qu'elle apporte et prenant les herbes bi in a bi in.

Ça c'est du thym.
Ça c'est pour les lapins, et ça c'est pour les poules.

LA MARGRAVE.

Oh! les barreaux de fer, les cloîtres. les cagoules,
J'abhorre tout cela, mais j'ai tant de courroux
Que j'irais leur tirer moi-même les verrous !

CÉCILE, jetant les fleurs et vidant son tablier a terre.

Écoute, amusons-nous.

Empressement du petit Charles

Nous jouons à la dame
Qui reçoit un monsieur.

LA MARGRAVE, cachee derriere la haie.

J'ai la rage dans l'âme.

Elle regarde les enfants, et peu a peu les ecoute. — Pendant qu ils
parlent, sans la voir, elle se rapproche d'eux pas a pas.

CÉCILE.

Vois-tu bien, tu seras la dame.

CHARLES.

Je ne puis

Être la dame, moi.

CÉCILE.

Pourquoi?

CHARLES.

Puisque je suis

Un garçon.

CÉCILE.

C'est égal. — Je te dirai Madame.

CHARLES.

Mais pour être une dame, il faut être une femme
Je suis un homme, moi.

CÉCILE.

Mais, qu'on te dit, cela
Ne fait rien. Tu seras la dame. Tiens-toi là.
Je descends de cheval auprès de ta fenêtre;
Moi, je suis un monsieur.

CHARLES.

Toi, tu ne peux pas être

Le monsieur.

CECILE, avec dignité.

Je voudrais savôir votre raison.

CHARLES.

Quand on est une fille, on n'est pas un garçon

CECILE.

Est-il brute !

CHARLES.

Un monsieur qui s'appelle Cecile !

CLCILE.

Je mettrai ton chapeau. ce n'est pas difficile
J'entre dans la cour ; toi, tu dis : Il est fort bien.
Ce jeune homme ! On aboie...

CHARLES.

Et qui fera le chien ?

CÉCILE.

Adele.

CHARLES.

Adele ! Oh ! non !

CECILE.

Pourquoi donc. monsieui Charle ?

CHARLES.

Elle ne parle pas.

CÉCILE.

Bête ! est-ce qu'un chien parle ?
Elle aboiera.

Elle se tourne vers Adele et se penche

Houab !

ADÈLE.

Houab !

4

CÉCILE, se redressant, à Charles.

C'est aisé !

CHARLES.

Non.

CÉCILE.

Pourquoi?

CHARLES.

Parce qu'il me déplaît d'être la dame, à moi!

CÉCILE.

Je te dirais : Ce chien, madame, est-il à vendre ?

CHARLES.

Non.

CÉCILE.

Le vilain enfant qui ne veut rien comprendre !

CHARLES.

Je ne vends pas ma sœur.

CÉCILE.

Mais c'est le chien !

CHARLES.

Non.

CÉCILE.

Si.

La Margrave leve les yeux et aperçoit Emma et Charles qui viennent
d'entrer.

SCÈNE VII

LA MARGRAVE, LES ENFANTS, CHARLES,
EMMA GEMMA.

Au fond dans les arbres, les soldats, Herr Groot qui observe aux aguets

LA MARGRAVE, à Charles et à Emma.

Mais, mes pauvres enfants, vous êtes mal ici.
Vous n'avez même pas de meubles, votre chambre
Est en plein nord, il doit y geler en décembre.
Quelle idée avez-vous de vous cacher ainsi ?
Venez chez moi ; chez toi, Charle.

Elle montre le château

En ce château-ci
Vous serez mieux. Venez. Nous serons tous ensemble.
L'aînée est ton portrait, et celui-ci ressemble,
Mon Charle, à son grand-père, à croire qu'on le voit.
C'est toi le maître. Ici l'empereur est sans droit.
Je te déclare duc, je me mets en tutelle.
Oh ! la toute petite, houab ! houab ! quel âge a-t-elle ?
Ayez pitié de moi, je ne vous ai rien fait.
Comme c'est long, dix ans ! Cet exil m'étouffait.
Je ne suis pas méchante. Ah ! vous voyez, je pleure.
Dieu ! je vais donc avoir deux Charles à cette heure.
Vous ne l'avez pas vue, elle faisait le chien.
Venez, il ne faut pas qu'elle manque de rien.

Je rêvais d'en avoir une toute pareille.
Pourquoi me laissez-vous seule, moi qui suis vieille!
Ton fils a déjà, Charle, un esprit étonnant.
Je n'ai pas bien longtemps à vivre maintenant.
Venez. Hein, voulez-vous? Ma vie est bien amere
Depuis dix ans.

EMMA GEMMA.

Madame!...

LA MARGRAVE, ouvrant ses bras

Appelle-moi ta mère!

H. II, 1865.   18 juin — 21 juin

L'ÉPÉE

DRAME EN CINQ SCÈNES

PERSONNAGES

———

SLAGISTRI.
ALBOS.
PRÊTRE-PIERRE, âge de patriarche.
LE CHANTERRE.

KIELBO.
TIVARO.
ELETTRA.
EARIAMM.

Hommes de la montagne Vêtus de peaux de loup.
Hommes de la plaine. Vêtus de peaux de mouton.
Femmes, jeunes filles.
Vieillards, enfants

Entrée d'un village dalmate. Petite place.

Une gorge de montagne.

Une seule maison à gauche, cabane basse à toit d'ardoises larges, masque l'entrée du village.

Du même côté, plus près, une falaise avec un sentier en zigzag escarpé. Ce sentier a, par endroits, des marches comme un escalier ; ces marches sont de vieilles pierres usées et branlantes.

A droite, un précipice. L'autre côté du précipice est une haute muraille de roche à pic, dans laquelle on voit une ouverture laissant distinguer une grotte profonde. Un pont, fait d'un tronc d'arbre jeté en travers sur le précipice, mène à cette ouverture.

Sur le devant, un banc de pierre.

Vaste paysage au loin. Un lac. Chênes et sapins. Chaîne de glaciers et de sommets, couverts de neige.

Au fond, la mer Adriatique.

Beau soleil d'automne.

SCÈNE PREMIÈRE

ARC DE TRIOMPHE ET CAVERNE

—

HOMMES DE LA MONTAGNE, HOMMES DE LA PLAINE, VIEILLARDS, ENFANTS, FEMMES, JEUNES FILLES

Jeunes filles dansant ou chantant. Tout ce qu'elles dansent, le paysau marche ou, il le chantera, à ... une ... rence de la masse de ... Les filles ont toutes des ... Quelques-unes ont de gros ... s ... plus ... ns.

ICHIBO.

Ho lia lia lio" ... ,
On vogue, Ho lia lia lio"
À la danse,
Au fil de l'eau.

TOUTES

À la danse,
Au fil de l'eau

ICHIBO.

Veux-tu que je te suive ?
Dit-elle à Paolo
À la danse,
Au fil de l'eau.

TOUTES.

A la dérive,
Au fil de l'eau.

KIELBO.

La barque va, furtive,
Gagner Zante ou Milo.
A la derive,
Au fil de l'eau.

TOUTES.

A la derive,
Au fil de l'eau.

KIELBO.

Fugitif, fugitive,
On s'aime, doux tableau!
A la dérive,
Au fil de l'eau.

TOUTES.

A la dérive,
Au fil de l'eau.

KIELBO.

J'entends chanter la grive
Et frémir le bouleau.
A la derive,
Au fil de l'eau.

TOUTES.

A la derive,
Au fil de l'eau.

TOUT LE PEUPLE.

Vive Albos !

UN MONTAGNARD.

Le chasseur qui garde nos villages
Et qu'on entend la nuit marcher sous les feuillages !

UN HOMME DE LA PLAINE, survenant.

Il est absent ?

LE MONTAGNARD.

Oui. mais il va dans un instant
Revenir.

LE PEUPLE.

Vive Albos !

LE MONTAGNARD, au paysan.

Tout ce peuple l'attend.

UN AUTRE MONTAGNARD.

Il nous revient avec le père de son père,
Prêtre-Pierre, l'ancien du pays.

LE PAYSAN.

Prêtre-Pierre !
Pourquoi l'appelle-t-on prêtre ?

UN AUTRE PAYSAN.

Sans qu'il le soit?

UN VIEILLARD.

Étant l'ancien du peuple, il est prêtre de droit.

C'est l'usage en nos monts. Nul front qui ne se baisse
Devant ce sacerdoce auguste, la vieillesse.
Prêtre-Pierre est l'aïeul, l'ancien, l'homme sacré.
Obéi comme un pape, humble comme un curé.
Il sait les simples, lit les livres. voit les âmes ;
On dirait que Jésus, que toujours nous priâmes,
A fait nos cœurs exprès pour qu'il y penetrât.
Il est le médecin. il est le magistrat.
Albos, son petit-fils, vient et nous le ramène
Après qu'ils ont été passer une semaine.
Albos en chasse, et Pierre en prière. là-haut.

LE CHANTERRE.

En même temps qu'Albos, nous allons voir bientôt
Quelqu'un de grand.

LE MONTAGNARD.

Qui donc ?

LE CHANTERRE.

Le duc, sur qui Dieu veille!
Tout à l'heure, en collant à terre mon oreille,
J'ai très distinctement entendu des clairons.
Des chevaux, de la foule, un bruit sourd d'escadrons,
Et j'ai dit : Gloire à Dieu ! gloire à saint Charlemagne!
C'est le bon duc qui vient voir sa bonne montagne

LE PAYSAN.

C'est la première fois qu'on aura le bonheur
De voir un duc !

AUTRE PAYSAN.

Son duc à soi ! son vrai seigneur !

LE CHANTERRE, ôtant son bonnet

Car ces monts n'avaient pas encore eu sa visite.

.LE VIEILLARD.

Le visage d'un roi réchauffe et ressuscite.
Qu'il soit le bienvenu !

LE CHANTERRE.

           Moi. j'ai vu très souvent.
A la ville, passer son cortege. En avant,
Des trompettes, un tas de tambours, des vacarmes,
Puis des prêtres, et puis des files de gendarmes.
C'est beau. La foule admire, et l'on ne bouge point.
Il suffit d'un soldat, casque au front, lance au poing.
Pour tenir en respect tout un peuple...

LE MONTAGNARD.

                 Sans armes.
Comme nous.

LE CHANTERRE.

           On secoue, ainsi qu'un jour d'alarmes.
La grosse cloche en branle, et l'on pavoise. On met
A la tour un drapeau comme au reître un plumet.
Dès que le duc s'installe au château, sa bannière
Est plantée au plus haut du donjon, de maniere
Que tout passant la voie, attendu que la voir
Et puis la saluer, c'est le prem.er devoir.

Il salue.

Quiconque passerait, fût-ce avec ignorance.
Sans faire a l'étendard royal la révérence.

5

S'en repentirait.

Il salue de nouveau

LE VIEILLARD.

Dieu sur les grands met son doigt.
Nul n'a le droit d'ignorer le respect qu'on leur doit.

LE CHANTERRE.

C'est un très grand bonheur qu'en revenant de Vienne
Et de Rome, le duc notre roi se souvienne
Que nous sommes son peuple et daigne enfin nous voir

LE VIEILLARD.

La puissance, c'est Dieu ; le roi, c'est le pouvoir.
Gloire aux rois !

LE CHANTERRE, *prêtant l'oreille*

Écoutez. Des cris, une volée
De cloches. Monseigneur entre dans la vallée.

On entend un bruit de cloches au loin et une rumeur

LE PEUPLE.

Vive le duc Othon !

UN JEUNE PAYSAN.

Allons vite chercher
Dans les palmiers, depuis le lac jusqu'au rocher,
De quoi lui faire un arc de triomphe.

LE CHANTERRE.

Ici même.

UN VIEILLARD.

Mais il n'y viendra pas. Les rois ont pour système
De se laisser voir peu.

LE CHANTERRE.

C'est egal, si ce soir
Il passait par ici, tenons prêt l'encensoir.

LE JEUNE PAYSAN.

Et dressons-lui son arc de triomphe !

AUTRE PAYSAN.

Des branches !
Des rubans !

AUTRE PAYSAN.

Et mettons nos habits des dimanches.

UN GROUPE D'HOMMES DE LA PLAINE soit en agitant
les chapeaux et en criant.

Vive le duc !

LE MONTAGNARD.

A nous, notre homme, c'est Albos.

LE CHANTERRE.

Mais...

LE MONTAGNARD.

Prêtre-Pierre et lui, ce sont nos deux flambeaux.
Pierre est notre sagesse, Albos est notre force.

LE CHANTERRE.

La majesté du duc...

LE MONTAGNARD.

Majeste, c'est l'ecorce,

Vertu, c'est le fond.

LE CHANTERRE.

Soit. Au bruit de son canon,

Ce mont tremblerait.

LE MONTAGNARD.

Oui. la montagne. Albos, non.

LE CHANTERRE.

Le duc, c'est le grand prince.

LE MONTAGNARD.

Albos, c'est le grand pâtre.

LE CHANTERRE.

Mais...

LE MONTAGNARD.

Notre Albos le soir vient rire au coin de l'âtre.

LE CHANTERRE.

Le duc est très fameux dans les guerres.

LE MONTAGNARD.

Albos.

Lui, n'a jamais offert d'hommes morts aux corbeaux;

- Mais des lynx et des ours. Je préfère Albos.

LE CHANTERRE.

Frère,

Othon c'est une altesse.

LE VIEILLARD, s'inclinant.

On ne peut se soustraire
A cela.

LE CHANTERRE.

Duc! Roi presque. On le sert à genoux.

LE MONTAGNARD.

Albos est montagnard et pauvre comme nous.

LE CHANTERRE.

Le duc...

LE MONTAGNARD.

Urosch-Beli fut empereur des serbes.
Sa statue est là-bas parmi les hautes herbes.
C'est un bloc de pierre âpre et qui semble en fureur.
Albos me plaît a moi plus que cet empereur.

LE CHANTERRE.

Monseigneur notre prince est tellement illustre
Qu'il peut faire, s'il veut, un noble avec un rustre.
C'est agréable. Moi seigneur! quels bons repas!
On a des habits d'or. Vous ne connaissez pas
La douce pesanteur d'une manche brodée.

LE MONTAGNARD.

Nous vêtir d'une peau de loup. c'est notre idée.

AUTRE MONTAGNARD.

Duc, prince. empereur, roi, c'est bien. Mais, dans ces monts,
Le premier, c'est Albos.

LE CHANTERRE.

Mais...

UNE JEUNE FILLE.

Puisque nous l'aimons.

LE VIEILLARD.

Et monseigneur aussi, sans quoi ce serait grave.

LE MONTAGNARD.

Nous sommes tous hardis. mais Albos, c'est le brave.
C'est le fort. Il roula l'autre jour un rocher
Que deux buffles tiraient sans le faire broncher.
L'ombre le craint. Son chant qui se mêle aux tempêtes
Fait reculer au fond des bois toutes les bêtes.
Il saute par-dessus l'abîme, et les chamois
Sont stupéfaits. Je l'ai vu saisir à la fois
Deux guépards, qu'il tua, sans qu'ils aient pu le mordre.
Comme il est défendu dans nos monts, par un ordre
Qu'un huissier tous les ans crie au son du tambour,
De se servir du fer autrement qu'au labour,
Il n'a que son bâton et sa fronde ; il attaque
Le vautour dans son trou, l'hyène en son cloaque ;
Il se laisse embrasser par l'ours, et l'un des deux
S'en repent, mais pas lui ; le lycaon hideux,
Le chatpard, dont il ouvre et disloque en silence
La gueule entre ses mains, craignent plus qu'une lance,
Qu'un glaive et qu'un épieu, l'écart de ses deux poings ;
Ses bras durs et puissants valent mieux que des coins
Pour rompre un chêne, et l'arbre étreint par lui s'écroule,
S'il voit une cabane où la pluie entre et coule,

Il apporte une échelle et refait un toit neuf;
Si des pauvres n'ont pas de cheval ni de bœuf,
Albos vient, et s'attelle à leur charrue; un prêtre
N'est pas plus secourable; il mériterait d'être
Géant comme Samson et dieu comme Jésus.
Il est grand et terrible.

L'AUTRE MONTAGNARD.

Hier je l'aperçus.

Il m'a crié d'en haut : Demain, avec mon pere,
Je redescendrai.

TOUS.

Vive Albos !

Un groupe d'enfants s'est approché du ravin et regarde curieusement
l'ouverture de la caverne. Deux ou trois se sont hasardés à mettre le
pied sur l'arbre mort qui sert de pont, et qui aboutit par une extrémité à l'entrée de la grotte

UNE MERE, courant à eux

C'est le repaire

Du brigand! N'allez pas de ce côté-là, vous!

Les enfants reculent.

LE CHANTERRE.

C'est une cave, enfants, dont nous avons peur tous.
C'était l'ancien abri du vieux peuple bulgare.
Où jadis on fuyait, maintenant on s'égare.
Un dédale en ce lieu farouche a fait son nœud.
On entre si l'on veut et l'on sort si l'on peut.
C'est un abîme avec toutes sortes de routes,
Un précipice obscur de porches et de voûtes,

Qui s'enfonce, se tort, se croise, se confond,
Et communique avec l'épouvante sans fond.
La montagne est dessus. Ce trou profond la perce
De part en part, et l'ombre horrible s'y disperse,
Et dans ce souterrain que tous nous redoutons,
Les spectres de la nuit sont eux-même à tâtons.
Nul ne va là. Pourtant l'antre affreux dont personne
N'approche, attire ceux devant qui tout frissonne.
L'homme excommunié cherche le lieu maudit.
Jadis plus d'un brigand dans ce puits se perdit.
Et l'on dit qu'à cette heure un bandit cénobite
S'y cache, et qu'en ce gouffre un homme fauve habite.

LA MERE, avec un geste affirmatif

Il sort de temps en temps.

LE MONTAGNARD.

Parfois on peut le voir,
Debout au haut des monts dans la clarté du soir.

L'AUTRE MONTAGNARD.

Qu'est cet homme?

LE CHANTERRE.

On ne sait; mais ce doit être, certe,
Une âme en peine. Il sort quand la lande est déserte,
Il parle seul, il va rôder dans les brouillards.

LE VIEILLARD, s'approchant.

Cet homme, nous savons qui c'est, nous les vieillards.

AUTRE VIEILLARD.

C'est un ancien banni qui s'est enfui sous terre.

LE PREMIER VIEILLARD.

C'est le père d'Albos.

LE MONTAGNARD.

Le fils de Prêtre-Pierre !

LA MÈRE.

Est-ce vrai ?

Signe affirmatif du vieillard

LE MONTAGNARD.

Quoi ! le cygne a produit le hibou.
Et l'orfraie a produit l'aigle !

Nouveau signe de tête affirmatif du vieillard

L'AUTRE MONTAGNARD.

Mais quand ? mais où ?
Mais comment ?

LA MERE, au vieillard

Parle !

LE VIEILLARD, rêveur

Oui, c'est le fils de Prêtre-Pierre.

LE CHANTERRE.

Mais depuis quelque temps il ne se montre guère

LE MONTAGNARD.

Il est peut-être mort, gisant sur le pavé.

Montrant la cave.

Dans ce gouffre.

LA MERE.

On y meurt de faim. C'est arrivé.

LE VIEILLARD.

Non. Je le crois vivant. Mais il vieillit, et l'âge
Pour les plus indomptés est un dur vasselage.
Il n'a plus sa vigueur d'autrefois. Ah ! l'exil
Brise l'homme.

LE MONTAGNARD.

Mais, dis. comment s'appelle-t-il ?

LE VIEILLARD.

Slagistri.

UN JEUNE HOMME.

Qu'est-ce donc qu'il a fait ?

LE CHANTERRE.

Moi, j'espere
Qu'il se repent.

LE VIEILLARD.

C'est vrai qu'il sort de son repaire,
Quelquefois. et de loin il regarde son fils.

UN AUTRE VIEILLARD.

Notre Albos est aussi le sien.

LA MÈRE.

Un jour je fis
Sa rencontre. Il suivait Albos.

LE MONTAGNARD.

                    Parle, on t'écoute.
Albos le connaît-il pour son pere?

LE VIEILLARD.

                    Sans doute.
Mais il l'évite.

LA MERE.

          Hélas ! quel farouche abandon!

LE VIEILLARD.

L'aieul pensif attend qu'il demande pardon.

LE MONTAGNARD.

Mais dis-nous cette histoire.

LE VIEILLARD.

                    Ah ! nos cœurs s'en émurent,
Et les chênes la nuit entre eux se la murmurent.

LE MONTAGNARD.

Qu'a fait ce Slagistri?

LE VIEILLARD.

               Voici. Nous le blâmons.
Quand monseigneur le duc vint régner sur ces monts
Au nom de l'ancien droit de l'empereur des serbes,
Tout fléchit, tout plia, même les plus superbes;
Seul Slagistri leva la tête et protesta.

Ces bois furent jadis consacrés à Vesta ;
Il cria que Vesta c'était la république.
On avait sur un mât devant la basilique
Mis le drapeau ducal, il abattit le mât.
Le prince avait donné l'ordre qu'on désarmât.
Il garda son épée et dit : Qu'on me la prenne !
Il criait sur les monts pendant la nuit sereine,
Seul, sinistre, et ses cris étaient si furieux,
Si grands. qu'ils faisaient fuir les aigles dans les cieux !
Il réclamait. malgre le soldat et le prêtre,
Toujours les droits du peuple, oubliant ceux du maître,
Cela nous fatiguait, nous avions désarmé.
Tenez, il fut hai comme Albos est aimé.
Ah ! voila ce que c'est que d'être ainsi tenace
A la lutte, aux courroux amers, a la menace !
On aboutit a quelque existence sans nom !
Cet homme entravait tout. Sans cesse il disait non.
Ce n'est pas qu'il prêchât le meurtre. Non, l'emeute.
Lancer le peuple ainsi qu'a la chasse une meute,
C'était son but. Un jour il dit : — Pas de poignard.
C'est une arme de sbire et non de montagnard.
Mais le glaive ! et luttons. Pour le prince, le prêtre ;
Pour nous, Dieu. Par derriere, et sous une arme traître.
Je ne voudrais pas, moi, que l'ennemi tombât.
Le poignard assassine et le glaive combat.
Je veux le glaive. — Ainsi criant, il dut déplaire.
Pour trop aimer le peuple on est impopulaire.
Avoir toujours quelqu'un qui dit : Ouvrez les yeux !
Levez-vous ! quand on veut dormir, c'est ennuyeux.
Tout le monde voulait la paix dans la province.
L'evêque le chassa de l'église, le prince
Du pays, et son pere. hélas, de la maison.

LE MONTAGNARD.

Ce rebelle avait tort.

TOUS.

Certes !

UNE VOIX, dans la caverne

J'avais raison.

LE MONTAGNARD, levant la tête.

Hein ?

LA MÈRE.

On a parlé !

LE CHANTERRE.

Non. C'est le vent dans les arbres.

LE VIEILLARD.

Les hommes n'ont pas droit à l'âpreté des marbres,
L'exil donne le temps de germer au remord.
Slagistri fut banni. C'est bien. On l'a cru mort ;
Mais voici qu'il revient après vingt ans d'absence.
De son petit Albos il vient voir la croissance.
Mais, sans demander grâce et funèbre toujours.
Il prend ce lieu maudit pour gîte ; il a recours
A l'hospitalite de l'enfer dans cette ombre.

Il fait un signe de croix

LA MÈRE.

Qu'il y reste !

LE CHANTERRE.

A jamais !

LE MONTAGNARD.

Oublions l'homme sombre,
Amis, et tournons-nous vers l'homme radieux.
Albos vient.

AUTRE MONTAGNARD.

Le fier pâtre égal aux anciens dieux,
Le dompteur devant qui toute la forêt tremble,
Le voilà !

SCÈNE DEUXIÈME

TOUS D'ACCORD

—

LES MÊMES, ALBOS, PRÊTRE-PIERRE.

Albos et Prêtre-Pierre paraissent au haut de la descente. Prêtre-Pierre est vêtu d'une robe blanche avec dalmatique. Barbe et cheveux blancs Albos, haute taille, yeux bleus Il a un rosaire a sa ceinture, sa fronde en bandoulière, son bâton a la main, des fleurs a son chapeau, et un loup mort sur l'épaule Il aide Prêtre-Pierre a descendre.

ALBOS, soutenant Prêtre-Pierre.

Père! ah! Dieu! vous avez, ce me semble,
Failli faire un faux pas. Ah! vous m'avez fait peur.

Il se baisse.

Donnez-moi votre pied.

Il pose le pied de Prêtre-Pierre a un endroit qu'il choisit.

C'est quelquefois trompeur
Ces marches de granit, et, pour peu qu'on s'appuie,
C'est vermoulu, ça tombe.

Il relève la tête et regarde le temps qu'il fait.

Ah! je craignais la pluie

Pour vous, père. Mais, non. le nuage est dissous.

Il se courbe, et prend un morceau de rocher avec lequel il consolide une marche.

Attendez que je mette un pavé la-dessous.

Il examine l'autre côté de l'escalier.

Ici la pierre croule.

Il examine l'autre coté

Ici l'herbe est glissante.

Il fait descendre Prêtre-Pierre en lui tenant le pied

Votre pied bien à plat. — Bien. — L'horrible descente!

Il se redresse et dérange les broussailles.

Arrêtez. — Que j'écarte un rameau tres pointu!

Il lui reprend le pied

Prenez garde au tournant. — Ce sentier est tortu,
Dur, a pic. — Venez là. — Par ici cela penche.

Il lui donne le bras.

Appuyez-vous sur moi.

Tous deux descendent.

Bien.

Prêtre-Pierre cherche en même temps un point d'appui sur un arbre.

Pas sur cette branche.
C'est de ce mauvais bois de sapin qui se fend.

*Ils arrivent au bas de la descente et Albos fait prendre pied
à Prêtre-Pierre sur le pavé de la place.*

Vous pouvez marcher seul! Enfin!

PRÊTRE-PIERRE.

Mon doux enfant!

*Pendant la descente, tous ont contemplé Albos avec admiration
et tendresse. Quand il est en bas, les acclamations éclatent.*

TOUS.

Hurrah!

ALBOS, au peuple.

J'arrive avant que le soir ne nous gagne.
En passant, j'ai tué ce loup dans la montagne.

Il jette le loup a terre.

Bonjour, vous!

LA MERE, regardant le loup

L'ennemi qui nous faisait tant peur.

TOUS.

Hurrah!

ALBOS.

Je viens de voir. à travers la vapeur,
Le prince entrer au burg. Suivons les vieux préceptes.
Aimons nos rois!

LE MONTAGNARD.

Il est le roi, si tu l'acceptes.
Compte sur nous, ainsi que sur de bons garçons.
Commande. Fais un signe, et nous t'obéissons.
Autour de ton grand cœur, Albos, notre âme abonde.
Tous nous te suivrions.

UN AUTRE MONTAGNARD.

Moi. jusqu'au bout du monde.

UN AUTRE MONTAGNARD.

Moi, jusqu'en enfer.

UNE JEUNE FILLE.

Moi, jusqu'au ciel.

LE PEUPLE.

Tous, oui, tous!

LE PREMIER MONTAGNARD.

N'es-tu pas le plus fort?

LA JEUNE FILLE.

N'es-tu pas le plus doux?

Les jeunes filles ôtent toutes leurs bouquets et les jettent aux pieds d'Albos

KIELBO.

Pour toi toutes ces fleurs prises dans le bocage.

Albos aperçoit dans la foule un jeune garçon qui porte sur son dos une volière pleine d'oiseaux

ALBOS.

Qu'es-tu?

LE GARÇON.

Je suis marchand d'oiseaux.

ALBOS.

Combien ta cage?

LE GARÇON.

Un florin.

Albos fouille dans sa poche, et lui présente une pièce d'argent

ALBOS.

Prends et donne.

Le marchand d'oiseaux pose la cage sur une pierre devant Albos et empoche le florin. Albos ouvre la cage

ALBOS.

Oiseaux, envolez-vous!

Les oiseaux prennent leur vol.

Sortez de l'ombre. Allez dans la lumière tous!
Oiseaux du ciel, soyez libres!

LA MÊME VOIX, dans la caverne.

A quand les hommes?

LA MÈRE.

On parle encor!

LE CHANTERRE.

Non. C'est le torrent dont nous sommes
Tout près, et qui parfois semble parler.

Les jeunes filles font cercle autour de Prêtre-Pierre et d'Albos.

KIELBO.

Albos,
Nous nous parons pour plaire à tes regards si beaux.
O frère, et nous chantons pour que tu nous écoutes.
Toutes, nous t'aimons. Toi. laquelle aimes-tu?

ALBOS.

Toutes.

KIELBO.

Choisis.

ALBOS.

L'aube, c'est vous, belles; nous la voyons
Sans pouvoir faire un choix entre tant de rayons.

PRÊTRE-PIERRE souriant.

Il faut aimer. Voyons, qui choisis-tu?

ALBOS.

Vous. père.

Soyez mon seul amour, ô vous que je revere !
Toujours, en toute chose, ô pere austère et doux,
Je commence par vous.

KIELBO, aux autres jeunes filles.

Il finira par nous.

ALBOS.

Laissez-moi devant vous verser mon cœur, ô père !
C'est par vous que je crois, c'est par vous que j'espère.
Vous êtes pour moi vie, amour et vérité.
Vous m'avez élevé, vous m'avez abrité,
Mon père étant absent et ma mère étant morte.
C'est pourquoi, maintenant que ma jeunesse est forte,
Devant vous, qui pensiez quand je n'étais pas né,
J'ai pour gloire d'être humble et d'être prosterné.
Sous la charge des ans votre marche est moins sûre ;
Votre prunelle voit moins la terre à mesure
Qu'elle voit mieux le ciel et le grand Dieu clément
Dont l'approche déja vous blanchit vaguement.
L'arbre vous sait évêque, et l'ombre en vous devine
Une émanation de majesté divine,
Et par tous ces grands monts vous êtes admiré ;
Car telle est la beauté de votre âge sacré !
Oh ! j'atteste le blé que coupe ma faucille,
Les vagues, quand ma barque entre leurs chocs vacille.
Les nids, les fleurs, les champs, les bœufs liés aux bâts,
L'épervier que d'un coup de ma fronde j'abats,

Ces pics que des blancheurs éternelles recouvrent,
Les profonds yeux du ciel qui sur nous la nuit s'ouvrent.
Que nul n'offensera mon aïeul, moi vivant !
Votre front semble un feu qui nous mène en avant.
La sagesse au dedans dehors est la lumière.
Hélas ! vos pieds n'ont plus leur fermeté première,
L'âge me fortifie et vous appesantit.
Vous me teniez la main lorsque j'étais petit,
O monseigneur, souffrez qu'ainsi mon cœur vous nomme
Celui qui chancelait jadis gardé par l'homme
Qui maintenant chancelle, à son tour le défend ;
Parfois je me sens père et je vous vois enfant.
C'est mon âge à présent qui veille sur votre âge ;
La bise qui sur vous souffle trop fort, m'outrage ;
Mon ambition, c'est vous servir. Je n'ai pas
D'autre rêve que d'être un bâton pour vos pas.
Oh ! le cœur filial que rien ne peut corrompre,
Je l'ai. Quand vous parlez, s'il osait interrompre,
O père, je dirais au tonnerre : Plus bas !

PRÊTRE-PIERRE, montrant les jeunes filles.

Une d'elles, mon fils, chaste épouse, en ses bras
Un jour te recevra, quand je serai sous l'herbe.
Qu'elle te rende heureux, ô mon enfant superbe.
Et je lui sourirai dans mon tombeau profond.

KIELBO.

Nous partons. C'est midi. Les vendanges se font.
Noble Albos, donne-nous quelque chose à chacune
En souvenir de toi ; l'heure, cette importune,
Nous rappelle au travail, et nous nous en allons.

7

ALBOS, souriant.

Soit.

Toutes les jeunes filles se groupent devant Albos Quelques-unes ont
repris leurs paniers de raisins et les ont poses sur leurs têtes Au
premier rang est Kielbo, pres d'elle Tivaro, vêtue en fille vouee a la
Panagia. Puis Elettra, gaie, et, en arriere de toutes, Mariamm

ALBOS fait signe a Kielbo de s'approcher

Viens, toi.

Il detache les fleurs de son chapeau

Je te donne, ô fleur de nos vallons,
Ce bouquet de jasmin, de verveine et de menthe.

TIVARO.

Et moi?

Albos denoue le chapelet de sa ceinture

ALBOS.

Prends ce rosaire.

ELETTRA.

Et moi?

ALBOS.

Fille charmante,
A ta bouche, qu'embaume un souffle aérien,
A ta beauté je donne un baiser.

Il l'embrasse.

MARIAMM.

Et moi, rien?

ALBOS.

Ah! c'est toi, brave enfant, bonne comme une aieule,
Qui, lorsqu'on va danser, restes au logis seule,

Sourde à l'appel joyeux des valseurs triomphants,
Pour garder les agneaux et soigner les enfants.
Viens, je te donne, à toi qui veilles et qui chantes,

Montrant le loup tué.

Ce loup fauve dont j'ai brisé les dents méchantes.

LA VOIX, dans la caverne

A qui donneras-tu le maître détrôné?

Mouvement dans la foule.

LA MÈRE.

On parle !

ALBOS.

J'ai d'abord cru qu'il avait tonné.
Mais non. C'est une voix humaine.

Tous regardent de tous côtes.

LE MONTAGNARD.

Elle résonne
Dans les lointains échos, mais on ne voit personne.

Sortent les jeunes filles Deux des hommes les suivent emportant le loup.

PRÊTRE-PIERRE, levant la tête

N'ecoutez pas les bruits inutiles. Des voix
Qu'on croit humaines, sont l'illusion des bois.
O pasteurs, on n'a pas a trembler sous vos chaumes
Si des mots inconnus sont dits par des fantômes.
Dieu règne. Ce n'est pas l'affaire des vivants
D'écouter le sanglot désespéré des vents
Et des flots, car l'air triste et les sombres eaux creuses
Roulent dans leurs plis noirs les âmes malheureuses,

Et tout un groupe informe et vague de proscrits
Souvent dans l'ouragan passe en poussant des cris.
Les mort sont des tourments ainsi qu'ils ont des palmes.
Laissons l'obscurité tranquille et soyons calmes.
J'arrive des grands monts couverts d'âpres forêts
Où l'on voit de plus loin l'aube et Dieu de plus près.
Je descends, et je suis une face éblouie.
Je me suis enivré l'esprit, les yeux, l'ouïe,
De ce vaste horizon visionnaire ; et, seul,
Étant le mage, étant l'apôtre, étant l'aïeul,
J'ai songé, peuple, ému par Dieu presque visible,
Et de ces profondeurs s'ouvrant comme une Bible,
De ces sommets sacrés, de ce ciel pur et chaud,
Je rapporte l'immense apaisement d'en haut.
Nos peres adoraient Vesta, mais, fils des cimes,
Habitaient comme nous les montagnes sublimes,
Et ces paiens pensifs étaient chrétiens, pour peu
Qu'ils sentissent le souffle auguste du haut lieu,
Quand la clémente nuit, sainte autant qu'elle est sombre,
Courbait leurs fronts devant les étoiles sans nombre.
Peuple, acceptons le monde azuré de Rhéa,
D'Astree et de Jésus comme Dieu le créa.
Dieu n'a point fait le choc, le refus, la querelle.
Il tira du chaos la paix surnaturelle ;
Il a fait les soleils se levant lentement
Sans haine et sans colere au fond du firmament,
Les constellations formidables et douces,
Mai plein de fleurs, l'agneau mordant les vertes pousses,
La glèbe offrant le grain au moulin qui le moud ;
Car la sérénité suprême régit tout,
Et l'enfer souffre moins et l'ombre est apaisée
Quand les petits oiseaux sont ivres de rosée.

Devant nos aieux fiers et forts, nous nous courbons ;
Mais ils n'étaient que grands, et vous, vous êtes bons.
Peuple des champs. le jour le dur labour vous ploie ;
Mais après le travail le soir donne la joie
A ceux à qui la nuit va donner le sommeil ;
L'indigence s'oublie au coin du feu vermeil ;
Le sarment qui pétille aide le pauvre à rire.
Sachez lire. sachez compter, sachez écrire.
Dieu donne à votre soif le vin, a votre faim
L'épi ; le soleil vient après l'ondée, afin
De mûrir le raisin pourpré ; la pluie alterne
Avec l'azur, afin de remplir la citerne ;
Si vous travaillez bien, fils, vous êtes comblés
D'oliviers, de cédrats, de vignes et de blés.

Levant les mains au ciel

Dieu ! prodigue à nos champs, les fruits. les aromates,
Les moissons, et benis Othon, duc des dalmates !
L'homme a besoin de chefs et l'âme d'éclaireurs.
Othon est l'héritier des anciens empereurs ;
Sois loué d'établir l'ordre ainsi sur la terre ;
Car il est vraiment juste et digne et salutaire
Que nous te rendions grâce a toute heure, en tout lieu,
Pere saint, tout-puissant Seigneur, éternel Dieu !

Il etend les bras sur le peuple

Oh ! protège, benis ces hommes et ces femmes.
Je suis accablé d'ans et je suis chargé d'âmes,
Car, etant le vieillard, je suis le portefaix,
Dieu qui mets sur nos monts ces neiges, et qui fais
Glisser la mer le long de nos îles étroites,
Ce sont d'humbles esprits et des volontés droites,
Ils sont vêtus de laine épaisse, et la brebis,

7

Seigneur, est dans leur cœur autant qu'en leurs habits ;
Ils sont fils des titans du vieux Péloponèse
Qui peignaient leur armure au feu de la fournaise
En versant des couleurs sur le bronze rougi ;
Mais le fils chante apres que le père a rugi ;
Né d'un peuple guerrier, ce peuple est doux ; les hommes
Sont bons, les enfants gais, les femmes economes ;
Ils travaillent ; ils vont a la pêche très loin ;
En remettant du chaume à leurs toits, ils ont soin
D'y ménager des trous pour les nids d'hirondelles.
Hommes, prenez les champs tranquilles pour modeles,
Imitez la candeur du cygne, et la gaîté
Des nids, et la douceur auguste de l'été ;
Croissez comme les pins, les frênes, les érables.
Et soyez innocents, et soyez vénérables.
Que tout est beau, voyez ! ce bois vert. ce lac bleu,
Le soleil, et le soir tous les astres ! car Dieu
Montre le jour sa face et la nuit sa tiare.
Vivez, aimez.

Un homme vêtu de deuil barbe et cheveux herissés, paraît au dela du
pont de tronc d'arbre, a l'ouverture de la caverne C'est Slagistri

SLAGISTRI.

Et moi, j'affirme et je déclare
Que ce lac n'est pas bleu, que ce bois n'est pas vert,
Que le lys sans parfum est vainement ouvert,
Que la fleur sent mauvais, que tout d'ombre est couvert,
Que les vierges n'ont pas de beauté sous leurs voiles,
Que l'aurore est lugubre, et qu'il n'est pas d'étoiles
Dans les cieux, tant qu'on a sur la tête un tyran !

CRI DE TOUS.

Slagistri !

SCÈNE TROISIÈME

SEUL CONTRE TOUS

—

LES MÊMES, SLAGISTRI.

SLAGISTRI.

L'homme a le droit de toucher au cadran`
Et de mettre le doigt, quand la justice pleure,
Sur l'aiguille de Dieu trop lente à marquer l'heure.
Me voici.

PRÊTRE-PIERRE.

C'est toi !

SLAGISTRI.

Moi.

PRÊTRE-PIERRE.

Pourquoi viens-tu ?

SLAGISTRI.

Je viens
Faire voir à ce peuple un homme.

PRÊTRE-PIERRE.

Ils sont chrétiens.
Et fidèles. Mais toi, d'où sors-tu ? Des ténèbres.
Et la colère immense est dans tes yeux funèbres.

La colère est aveugle et te cache le droit,
Le dogme, la raison, tout.

SLAGISTRI.

La colere voit.

PRÊTRE-PIERRE.

Ton cœur, c'est le volcan.

SLAGISTRI.

L'ĕruption éclaire.

PRÊTRE-PIERRE.

Je t'avais de chez moi banni, je te tolère
Près d'ici, mais pourquoi troubles-tu mon troupeau?

SLAGISTRI.

Montrer ses haillons, c'est le devoir du drapeau.

PRÊTRE-PIERRE.

Tu semble l'ours captif qui tire sur sa chaîne.

SLAGISTRI.

C'est l'air que m'ont donne vingt ans de juste haine.

PRÊTRE-PIERRE.

Tu nous troubles. La haine est un monstre.

SLAGISTRI.

Le roi
Aussi. Guerre de monstre a monstre alors. Mais moi
Je dis que l'équite n'est pas monstre. Je seme
La justice, et je veux le bien, et ma haine aime.

III. — SEUL CONTRE TOUS.

PRÊTRE-PIERRE, montrant le souterrain

Que fais-tu là ?

SLAGISTRI.

Je rêve. Innocent et puni.
Content d'être maudit. Puisqu'Othon est béni.

PRÊTRE-PIERRE.

Mais que veux-tu ?

SLAGISTRI.

Je veux modérer l'allégresse.

PRÊTRE-PIERRE.

Tu sors de ta nuit comme un spectre qui se dresse.
Pourquoi ?

SLAGISTRI.

Pour abhorrer votre maître tout haut.

PRÊTRE-PIERRE, montrant le souterrain

Rentres-y !

SLAGISTRI.

Calmez-vous. J'y vais rentrer bientôt,
N'ayant plus de patrie ici que ma tanière,
Et ma vieille âme étant du devoir prisonnière.

PRÊTRE-PIERRE.

Ce qui se passe ici chez nous, c'est notre goût.
Et qu'est-ce que cela peut te faire, après tout,
A toi qui vis à part, seul?

SLAGISTRI.

Et l'éclaboussure !

PRÊTRE-PIERRE.

Le prince a son duché, le pâtre a sa masure,
Chacun chez soi.

SLAGISTRI.

Chacun chez soi ; le droit, dehors

S'approchant d'Albos.

Voyons, toi ! brave et simple, et fort parmi les forts,
Puis-je t'appeler fils ? Voyons, en es-tu digne ?

PRÊTRE-PIERRE.

Sois-en fier. Il est grand.

SLAGISTRI.

Petit, s'il se résigne
A voir vos fronts courbés.

PRÊTRE-PIERRE.

En lui nous triomphons.
Son coup de pierre fait du haut des cieux profonds
Tomber l'aigle.

SLAGISTRI.

Mieux vaut jeter bas un despote.

A Albos.

Mon fils...

ALBOS, se tournant vers Prêtre-Pierre.

Mon père !

SLAGISTRI.

Hélas ! ô mon vieux cœur, sanglote.

Mais tout bas. N'être point aimé, c'est là l'exil.

Haut, a Albos, montrant l'aïeul.

Sois pour lui filial, mais pour moi sois viril.
Entends-moi, tu n'as pas l'oreille encor fermée.
Quoi ! le piétinement sauvage d'une armée
Ne te fait pas dresser l'oreille, enfant des bois !
Tu ne sens pas frémir ce vieux mont aux abois !
Quoi ! tu ne vois partout que ciel bleu, qu'aube pure !
Quoi ! l'éternel soleil dans l'immense nature,
Tu ne vois que cela ! Mais l'honneur est détruit !
Quoi donc ! tu ne sens pas en toi monter la nuit
Devant l'oppression, le bourreau, la géhenne !
Toi si tendre et si bon, tu ne sens pas de haine !
Quoi ! pour toi tout est l'hymne, et, dans ce grand concert.
Tu n'entends pas le cri sinistre ! A quoi te sert,
Jeune homme, d'être aimé, beau, charmant, populaire,
Si tu n'as jamais d'ombre et jamais de colère !
Je te sais grand, pensif, profond comme la mer,
Mais toujours doux, toujours calme, jamais amer !
Que sert d'être océan si l'on n'a pas d'écume !
Le haut sapin est fait pour sortir de la brume ;
Rien n'est superbe comme un héros paysan.
Tu fais ce que tu veux de ce peuple, fais-en
Un peuple !

Albos baisse les yeux.

PRÊTRE-PIERRE.

Paix ! c'est fête aujourd'hui.

SLAGISTRI.

Sombre fête !

PRÊTRE-PIERRE.

Ta parole est d'un fou.

SLAGISTRI.

Qui serait un prophète.

PRÊTRE-PIERRE.

Mais ce peuple est heureux! La joie est sur son front

SLAGISTRI.

On ne commence pas par là.

PRÊTRE-PIERRE.

Mais par où donc
Doit-on commencer ? Dis. Réponds.

SLAGISTRI.

Par être libre.
La joie avec le joug est mal en équilibre.
L'esclave a des bonheurs tremblants, vite déçus.
Et honteux, car le fouet du maître est au-dessus

PRÊTRE-PIERRE.

Bien. Garde tes bonheurs et laisse-nous les nôtres.

SLAGISTRI.

Je n'en ai pas

PRÊTRE-PIERRE.

Alors tais-toi.

SLAGISTRI.

Non.

Il se tourne vers le peuple.

Ah ! vous autres.

Vous êtes contents ! Ah ! vous êtes heureux, vous !
Gais à la chaîne ! Alors, ils ont raison, les loups,
D'être maigres, sans feu ni lieu, nus sous la bise.
Mourant de soif sitôt que la rivière est prise,
Las, affamés, errants l'hiver, errants l'été,
Et d'avoir la misère, ayant la liberté !
Ah ! le chien est content du bâton, et le lèche !
Donc, tout est là ! Gratter la terre avec sa bêche.
Récolter, assister à l'office divin,
Aller vendre au marché de la viande et du vin,
Pour les seigneurs des fleurs et des fruits pour les dames.
Puis revenir, danser et boire, et faire aux femmes
Des enfants qui seront des esclaves ! des fils
Qui de la servitude aimeront les profits,
Et qui n'auront, devant les rois que Rome acclame,
Pas de révolte, pas de blasphème — et pas d'âme !
Donc tout est bien, pourvu qu'octobre soit vermeil,
Pourvu que le panier de raisins, au soleil,
Jette une ombre joyeuse au front des jeunes filles,
Pourvu que l'herbe abonde au tranchant des faucilles.
Et que le soir, dans l'âtre empourpré, le sarment
Se mette à rire, et fasse un feu lâche et charmant !
Ah ! le duc Othon vient avec son porte-hache ;
Le mont vierge se met sous la brume et s'y cache
Indigné ; le duc règne, insolent, arrogant ;
Quiconque est citoyen, on l'appelle brigand ;
Nos pâtres, fiers naguère, ont un rire servile ;
Nous sommes devenus presque un pays de ville ;
Nous sommes un duché. Vous êtes contents, vous !
Dieu fit à l'homme un pli, c'est le pli des genoux.
Mais le fit pour lui seul. Par le spectre et l'épée
La génuflexion de l'homme est usurpée.

— Pourtant l'épée est sainte, en s'en servant bien. —Ah !
L'autel jaloux que veut l'immense Jéhovah,
Ce petit duc le prend et l'appelle son trône !
Vous lui payez l'impôt, il vous donne l'aumône !
Nous sommes un duché, plat !

Montrant les vallées et les hauteurs

Dans nos paradis,

On perce des chemins pour les soldats ! — Jadis
Notre âme altière avait la roche pour compagne ;
Nous étions république et nous étions montagne.
C'était le temps honnête et fort. Reviendra-t-il ?
Ainsi qu'un malheur grand, il est un malheur vil,
Apprends-le, peuple ! Et tout n'est point dans la ripaille
La, Séjan dans l'or, la Spartacus sur la paille,
J'aime mieux Spartacus. Ah ! les rois sont vos dieux !
Le vrai Dieu voit sans joie et tient pour odieux
Cet apaisement bas sous lequel gronde et vibre
Le sourd rugissement du dernier homme libre.
Je trouve le temps long. Que d'infâmes oublis !
Mais vos tyrans, comment se sont-ils établis ?
N'ont-ils pas fait scier Rigas entre deux planches ?
N'ont-ils pas, dans Alep, marché des femmes blanches,
Fait vendre aux turcs les sœurs et les mères de ceux
Qui semblaient à vouloir des chaînes paresseux ?
Et tout cela vous est sorti de la mémoire !
Ah ! faite avec du deuil, peuple, la joie est noire.
Dans le froid souterrain sur qui pèse un démon,
Oh ! qu'il est dur de voir s'infiltrer le limon
Goutte à goutte et suinter d'heure en heure la honte !
Votre cri de bonheur jusqu'aux nuages monte !
Ah ! vous êtes contents. Soit. C'est bien. Attachés

Et garrottés, riez et chantez! Et sachez
Que le lion attend dans sa caverne, et bâille.

PRÊTRE-PIERRE.

Mais que demandes-tu?

SLAGISTRI.

                    La dern·ère bataille.
Et je viens vous parler de la bonté du fer.

PRÊTRE-PIERRE.

Certes, le fer est bon pour labourer, c'est clair.
Mais, le sillon ouvert, sa tâche est accomplie.

SLAGISTRI.

Je ne suis pas d'avis, moi, quand le joug nous plie.
Quand un maître nous fait de son spectre un bâillon.
Que tout l'emploi du fer soit d'ouvrir le sillon.

PRÊTRE-PIERRE.

Travailler et prier, c'est tout. Je ne réclame
Que le soc pour le bras et la bible pour l'âme.

SLAGISTRI.

Soldat contre soldat, arme contre arme, fer
Contre fer, le ciel même ainsi combat l'enfer,
Et c'est ce qu'il nous faut, car le burg aux torus rondes
N'a pas peur des bâtons et ne craint pas les frondes.

PRÊTRE-PIERRE.

Mais quand donc diras-tu : Frères, vivez en paix!
Soyez doux! Bornez-vous au saint travail.

SLAGISTRI.

> Après.
> On n'entre dans la paix qu'en sortant du despote.

PRÊTRE-PIERRE.

C'est d'en haut que nous vient l'impulsion. Tout flotte.
Tout, la vague et son bruit, l'esquif et son orgueil,
Passe.

SLAGISTRI.

> Oui, ce peuple est l'onde, et moi je suis l'écueil.

PRÊTRE-PIERRE.

Écoute. J'ai les yeux pleins de pleurs, quand je pense.
Devant ta vieillesse âpre, à ta charmante enfance.
Hélas! un père est fait pour aimer, et le cœur,
Quand il faut qu'il se ferme, est tristement vainqueur

SLAGISTRI.

Je le sais.

ALBOS, se tournant vers Prêtre-Pierre

> Père!

SLAGISTRI.

> Hélas!

PRÊTRE-PIERRE, toujours tourné vers Slagistri.

> Le père, après Dieu, crée.
Je t'ai congédié de la maison sacrée,
Où mon père naquit, où ma mère mourut.
Depuis ce jour, en moi d'heure en heure décrut

La sainte joie, appui de l'aïeul qui décline.
Mon fils de moins faisait ma vieillesse orpheline.

ALBOS, a Prêtre-Pierre, joignant les mains.

Mon père!

PRÊTRE-PIERRE, continuant.

Et maintenant, c'est moi le suppliant.
O Slagistri, ton père, en un jour effrayant,
T"a mis hors de son toit, mais non hors de son âme.
De tous les maux du père un fils est le dictame;
Je souffre, et ton retour serait ma guérison.
Écoute. Si tu veux rentrer dans ma maison.
Je serai bien content, il suffit de me dire :
J'avais tort, père! et moi j'irai dire au duc : Sire.
Il avait tort. Le duc alors, l'évêque aussi,
Te feront grâce, et moi je te dirai : Merci!

SLAGISTRI.

Me feront grâce!

PRÊTRE-PIERRE.

Un toit croulant devient prospère
Quand toute la famille est complète. et le père,
Quand il pardonne, croit recevoir son pardon.
Est-il beau qu'un laurier se transforme en chardon,
Qu'une âme tourne en haine, et qu'un homme ait l'approche
D'un glacier, d'un buisson épineux, d'une roche?
Rentre sous ce bon toit qui tous nous protégea.
Tu n'es plus jeune, et moi je suis si vieux! Deja
Quand tu naquis j'avais les cheveux gris, et l'âge
Me donnait rang parmi les anciens du village.

8

Rentre dans ta maison. Reviens. Regarde Albos !
C'est notre enfant. Il doit couvrir nos deux tombeaux
De son ombre, et tous deux il nous a pour racines.
Nos âmes dans son cœur doivent être voisines.
Reviens. Sois son amour comme il est notre orgueil.
Quoi ! tu ne veux donc pas, après un si long deuil.
L'épanouissement de tout ce cœur superbe !
Contemple ton fils. père. et. laboureur. ta gerbe.
Entends-moi, rends-toi, laisse amollir ton granit.
Ah ! jadis. quand j'avais ma couvée et mon nid.
Hélas ! quand tu jouais. enfant, près de ta mère,
Je ne t'aurais pas dit une parole amère
Et tendre, que j'aurais. avant d'avoir fini.
Senti courir vers moi ton pas doux et béni,
Et tes bras se hausser pour que mon front se penche.
Et tes petites mains tirer ma barbe blanche !
C'est donc bien malaisé de dire : J'avais tort !

SLAGISTRI.

Oui. certes, quand on est la justice.

PRÊTRE-PIERRE.

                                        D'abord.
Non. Et puisque tu veux raisonner, je t'explique.
Sois attentif.

ALBOS, a Prêtre-Pierre.

J'écoute, ô père !

PRÊTRE-PIERRE, a Slagistri

                                En république.
On est hors de la loi de l'évangile, et Christ
A dit : Payez le drachme à Cesar. C'est écrit.

SLAGISTRI.

Que m'importe ! A quoi bon le prince ?

PRÊTRE-PIERRE.

Il nous protège.

SLAGISTRI.

Mais nos droits ?

PRÊTRE-PIERRE.

Sont les siens.

SLAGISTRI.

Mais sa troupe ?

PRÊTRE-PIERRE.

Un cortège.

SLAGISTRI.

Mais l'impôt ?

PRÊTRE-PIERRE.

Il faut bien payer qui nous défend.
Juda, qui fut roi. fit Israel triomphant ;
Turacar, qui fut roi, sauva le peuple arnaute.
Un guide est nécessaire aux caravanes ; ôte
Le pilote aux vaisseaux, l'eau va les submerger.
Est-ce que le troupeau ne suit pas le berger ?
L'état vivre sans chef ! l'homme vit-il sans tête ?
Une boussole est donc de trop dans la tempête ?
La famille a le père et le peuple a le roi.
On sent quelqu'un de bon vivre au-dessus de soi. ,
Ce qui fait grands les rois, c'est que Dieu les complete.
Leur diadème est nimbe, et leur sceptre est houlette ;

S'ils retournent le glaive, à genoux! c'est la croix.
Je vois Dieu. J'obéis, de même que je crois.
Moïse monte et Dieu descend. De leur rencontre
Sort l'éclair et jaillit la loi. Que dire contre?
Lis la bible. Comprends le dogme; le salut
Est dans ce livre saint, si profond qu'il fallut
Un Dieu pour le dicter, des spectres pour l'écrire.
Car le prophète était fantôme, et son délire
Était la vision du ciel démesuré.
Les mages semblaient fous dans Ur et dans Membré.
Mais du Seigneur pour eux telle était la largesse
Que, la raison éteinte, ils gardaient la sagesse.
De là le Livre, écrit par ces grands inspirés.
Le roi, quand des vieux temps on gravit les degrés,
Tient au juge, et le juge adhère au patriarche.
Et, depuis six mille ans qu'Adam s'est mis en marche,
Le genre humain soumis suit les rois. C'est ainsi.
Et qu'as-tu maintenant à répondre?

SLAGISTRI.

Ceci,

Que j'etouffe. Oh! parfois, je m'en vais dans les plaines
Et j'ouvre ma poitrine aux sauvages haleines,
Farouche, à pleins poumons, comme l'aigle et l'eider,
Je voudrais aspirer les ouragans... — Pas d'air!
Tout est prison. Dans l'eau des lacs, dans les vallées,
Sur les pics, dans les fleurs qui me semblent foulées,
Dans l'herbe et le buisson, dans les jours, dans les nuits;
La pesanteur du maître est partout. je m'enfuis,
Je cherche cette cave obscure, et quand j'y rentre,
J'ai sur moi le mont sombre, et je sens dans cet antre

La montagne moins lourde encor que le tyran !
Je dis que, loin des flots, pays du cormoran,
Loin des neiges, refuge altier du gypaete,
J'ai là, peuple, un cachot rempli d'horreur muette,
Et que, libre dedans, je suis captif dehors ;
Peuple, la patience est pleine jusqu'aux bords.
Je dis que j'ai mon père, oui mais j'ai ma patrie.
Mon père est satisfait, mais ma mère est flétrie ;
Ma mère, la voilà, c'est la montagne. Enfant,
Elle m'aima. Je l'aime à mon tour. Triomphant,
Ou vaincu, je la veux fière autant qu'elle est haute.
Celui qui prend aux monts la liberté, leur ôte
La grandeur, et je dis que je souffre ! je dis
Que c'est en vain qu'au fond des bois les vents hardis
Font bruire et parler la feuille et la ramure,
Je dis que je me sens muet quand tout murmure,
Je dis que je voudrais prendre en mes bras les os
De nos aieux, et fuir, peuple ! et que les oiseaux,
Quand ils s'envolent, gais et hautains, m'humilient ;
Je dis que les joncs vils me raillent lorsqu'ils plient ;
Je dis qu'en plein été, quand l'air semble agrandi,
J'ai froid, et que je suis aveugle en plein midi.
Est-ce que par hasard vous entendez encore
Le rossignol la nuit et le coq à l'aurore ?
Moi pas. Je dis que j'ai la diminution
D'être un homme portant envie à l'alcyon,
Je dis qu'en ce sépulcre où l'âme est endormie,
J'ai ma part de suaire et ma part d'infamie,
Et que je sens ce ver, l'opprobre, qui me mord,
Et que tout est vivant, et que moi je suis mort !
Oh ! porter ce fardeau honteux, un roi ! Dépendre
D'une humeur, qu'il n'a pu sur quelque autre répandre,

De ses plans contre ou pour telle ou telle tribu.
D'un plaisir mal fini, d'un vin tristement bu!

Montrant la foule.

Ah! je suis bête fauve, eux sont bêtes de somme!
O transformation hideuse! où donc est l'homme?
Où donc est le peuple? Ombre, où donc est le soleil?
Je fais le rêve affreux dont ils ont le sommeil!
Quand donc entendra-t-on le bruit du jet de lave.
La respiration fauve d'un peuple brave
Aimant mieux dépenser son sang que son honneur.
La rumeur de la ruche en éveil, le seigneur
Criant grâce, l'émeute, et, parmi les mêlées,
Tous les tocsins hurlant dans toutes les vallées!
O peuple, en subissant le maître, tu l'absous.
La conscience humaine est gisante dessous.
Tu ne distingues plus ton droit. Mais quelle espèce
D'éclair te faut-il donc dans cette nuit épaisse?
Moi de moins, tout périt. Car je suis le dernier.
Oh! je dis qu'en cette ombre on finit par nier
Que la vie ait un but, que le monde ait une âme,
Je dis qu'un beau ciel bleu semble un complice infâme.
Que tout cet univers n'est plus qu'un sombre jeu.
Et qu'un homme de trop. c'est l'éclipse de Dieu!

Prêtre-Pierre veut l'interrompre Il le regarde fixement

Quand la langue de feu tombe. et parle à la terre.
L'homme ne peut l'eteindre; elle, ne peut se taire.

Il se retourne vers le peuple

Savez-vous seulement quels aïeux vous avez?
Vos pères souriaient devant les rois bravés.
Aux hallebardes d'or, aux riches pertuisanes,

Ces pâtres opposaient les piques paysannes ;
Pour garder leur paix sainte ils étaient belliqueux ;
Leur lance était leur femme et couchait avec eux ;
Ah! ni czar, ni sultan, ni duc sérénissime.
Ils veillaient, ils faisaient des feux de cime en cime,
Si bien qu'a chaque mont, porteur d'une clarté,
Ils mettaient cette etoile au front, la liberté.
Helas! ce qu'ils étaient fletrit ce que vous êtes.
Les deroutes du turc féroce étaient leurs fêtes.
Ah ça! vous avez donc dans l'esprit que je puis
Oublier nos aieux qu'un monde eut pour appuis!
Ils guerroyaient au vent, au soleil, sous les pluies.
Ils faisaient frissonner leurs meres éblouies ;
Ils pêchaient et chassaient seuls chez eux, expulsant
Venise avec sa croix, Stamboul et son croissant.
Et ce golfe a toujours vu devant leurs colères
Fuir le lourd battement des rames des galères.
Cela n'empêchait pas de labourer ; l'été,
On moissonnait gaîment, et leur simplicité
Mêlait l'humble travail aux résistances fieres.
Ce peuple, a l'empereur qui, pour mettre aux bannieres,
Leur envoyait un aigle, envoyait un crapaud.
Si quelque prince eût dit : J'attends de vous l'impôt,
Ils eussent répondu : Payable à coups de pique.
Ah! c'était un beau bruit dans la montagne épique,
C'etait un fier frisson dans les rocs et les bois,
Quand ces chasseurs des loups donnaient la chasse aux rois !
Aujourd'hui l'on me dit : Quoi! bandit, tu persistes !
Oh! que dans vos tombeaux vous devez être tristes,
Géants!

Il s'approche d Albos.
    Si tu voulais?

ALBOS.

Non.

PRÊTRE-PIERRE, a Albos.

Fils, n'écoute rien.

SLAGISTRI, a Albos.

Tu me résistes, toi !

ALBOS, montrant Prêtre-Pierre

Vous lui résistez bien !

SLAGISTRI.

O nos aïeux, venez m'aider contre mon père !

PRÊTRE-PIERRE.

Silence !

SLAGISTRI.

Non. — Ce peuple inerte m'exaspere.

A Albos

Toi bon, toi vertueux, quoi ! rien en toi n'éclôt !
La bonté, cela doit s'allumer. Fils, il faut
Que toutes les vertus dégagent une flamme,
Et cette flamme, en bas c'est la vie, en haut l'âme.
C'est la liberté. L'homme est un esprit. Ayant
Des ailes, dans la cage, il devient effrayant.
C'est pourquoi l'on m'entend pousser des cris farouches

Regardant le peuple.

Pas de feu dans ces yeux ! pas de souffle en ces bouches !
Oh ! quelle abjection !

A Prêtre-Pierre.

Vous en répondez !

PRÊTRE-PIERRE.

Quoi !

Des menaces !

SLAGISTRI.

Non pas. Des craintes.

PRÊTRE-PIERRE.

Quelqu'un. toi,

Est de trop.

SLAGISTRI, sombre,

Il n'eût pas alors fallu me faire.

PRÊTRE-PIERRE, étendant le bras.

Je suis ton père. Sors.

Slagistri baisse la tête et se dirige vers le souterrain.

ALBOS.

Va-t'en !

SLAGISTRI, se redressant et regardant fixement Albos

Je suis ton pere

Albos recule. — Slagistri rentre dans le souterrain

Moment de stupeur dans la foule. Tous regardent Slagistri disparaître
dans la caverne.

PRÊTRE-PIERRE.

Le temps finira-t-il par le calmer? helas !
Mais j'ai presque oublié dans tous ces noirs eclats
Que je suis attendu partout dans les chaumieres

9

Et les malades ! Vite ! Ah ! mon pas est caduc !
Pour du pain, pour un peu d'argent, pour des prières.

Cris et bruits joyeux. Reviennent les hommes de la plaine qui sont partis
a la première scene. Ils apportent des branches d'arbre, de toutes
sortes, palmiers, lierres, houx, roses, et un grand écusson de bois
doré. Les jeunes filles les accompagnent avec des charges de feuilles
et de fleurs

UN JEUNE PAYSAN, a Prêtre-Pierre.

Père, nous voulons faire à monseigneur le duc
Une porte en laurier, s'il vient par aventure.
Il faut qu'elle soit haute assez pour sa voiture.

PRÊTRE-PIERRE.

Bien, mes enfants.

A Albos.

Mon fils, aide-les. Je reviens.

Il sort par la ruelle derrière la cabane marquant l'entrée du village

SCÈNE QUATRIÈME

CE QUI ENTRE PAR L'ARC DE TRIOMPHE

—

ALBOS, Hommes de la montagne et de la plaine,
Jeunes Filles.

ALBOS, pensif.

L'aïeul dit vrai. La paix est le premier des biens.
Sans l'ordre pas de paix ; sans le prince pas d'ordre.
C'est la sagesse.

Cependant tous, pendant qu'Albos songe, se sont mis à bâtir l'arc de
feuillages à l'entrée du village à gauche faisant face à la caverne La
construction prend forme rapidement. Les uns grimpent sur le rocher.
Les autres leur passent les branchages qu'ils attachent et mêlent.

UN PAYSAN à l'autre

Attends, il faut courber et tordre
Ces deux branches pour faire un cintre, de façon
Qu'on puisse entre elles deux suspendre l'écusson.

Ils continuent de construire l'arc de triomphe Les filles les aident et
chantent Le Chanterre accompagne le chant et le travail en jouant
e la muse de ble.

KIELBO.

Fugitif, fugitive,
On s'aime, doux tableau !
A la dérive,
Au fil de l'eau.

TOUS, garçons et filles.

A la dérive,
Au fil de l'eau.

L'arc de triomphe s'eleve et grandit au milieu des chansons.

UN PAYSAN, a l'autre.

Tout cela semblera bien plus vert si tu poses
Par endroits, dans le houx et le lierre, des roses.

Il fredonne le refrain.

... Au fil de l'eau.

KIELBO, reprenant le chant.

De Malte elle est native,
Et lui de Céfalo.
A la dérive,
Au fil de l'eau.

TOUS, en chœur.

A la dérive,
Au fil de l'eau.

KIELBO.

Vite, qu'on les proscrive !
Dit le duc Dandolo.
A la dérive,
Au fil de l'eau.

TOUS.

A la dérive,
Au fil de l'eau.

KIELBO.

La lune a l'air craintive,
Au fond de son halo.
A la derive...

S'interrompant et admirant l'edifice de fleurs

Cette couronne d'or faite avec des safrans,
C'est beau.

A un paysan qui tient une branche verte a la main.

Donne ton myrte.

LE PAYSAN.

Oui, pour un baiser.

KIELBO.

Prends.

Ils echangent un baiser. Elle attache le myrte au cintre de l'arche,
et se remet a chanter.

. . . . . .

A la dérive,
Au fil de l'eau.

TOUS.

A la dérive,
Au fil de l'eau.

KIELBO.

Le couple heureux s'esquive,
Paola, Paolo.
A la derive,
Au fil de l'eau.

TOUS.

A la derive,
Au fil de l'eau.

KIELBO.

Moi, je chante, captive
Au cloître Archangelo
A la dérive,
Au fil de l'eau.

TOUS.

A la dérive,
Au fil de l'eau.

KIELBO.

L'amour dont on me prive
S'envole .. Ho ha ha ho '
A la derive,
Au fil de l'eau.

TOUS

A la dérive.
Au fil de l'eau.

Tout en chantant, filles et garçons se passent les branches de main
en main Ils accrochent au-dessus du cintre l'ecusson.

LE CHANTERRE, contemplant l'arche de feuillage a demi constiuite

Porte digne d'un roi !

UN PAYSAN.

Certe !

KIELBO, a Albos

Albos, te plaît-elle?

ALBOS, avec un regard distrait.

Oui.

KIELBO.

Si c'était pour toi. nous la ferions plus belle.

UN PAYSAN, montrant l'ecusson a Albos.

Nous l'avons détaché d'une vieille maison.
C'est doré. C'est en bois.

ALBOS, pensif

Oui, l'aieul a raison.

Brusque effarement de la foule Tous reculent et s'écartent Une espèce
de spectre, sortant du village, paraît sous l'arche de fleurs C'est Prêtre-Pierre livide, cheveux hérissés, barbe arrachée Il n'a plus sa dalmatique Sa robe dechiree laisse voir sa poitrine, son dos et ses bras
nus Il avance en chancelant comme un homme ivre, et vient s'affais-
ser sur le banc de pierre Derriere lui entrent quelques paysans, l'air
épouvante

SCENE CINQUIÈME

CE QUI SORT DE LA CAVERNE

—

Les Mêmes, PRÊTRE-PIERRE.

PRÊTRE-PIERRE, begayant

C'est monseigneur.

ALBOS, courant a lui

  Mon père ! En quel état ! mon père !
Dieu ! qu'est-ce que cela veut dire ?

Il le regarde Prêtre-Pierre ne semble ni voir, ni entendre

      Il fixe à terre
Des yeux égarés. Père ! Ah ! que s'est-il passé ?
Parlez-moi, père ! Est-il tombé dans un fosse ?
Père ! — Il ne me voit pas ! — Sa robe est déchirée.
A-t-il été heurté par des bœufs à l'entrée
De quelque chemin creux ? Levez la tête un peu.
Vous n'entendez donc pas que je vous parle ? Ah ! Dieu !

PRÊTRE-PIERRE.

C'est monseigneur.

ALBOS.

Qu'a-t-il? qu'est-ce donc?

Examinant Prêtre-Pierre de plus près

De la boue!

Du sang!

PRÊTRE-PIERRE.

C'est monseigneur.

ALBOS.

Est-ce contre une roue
De quelque chariot qu'il s'est blessé? Les ponts
Des ravins sont étroits.

Il s'adresse a un des paysans qui viennent d'entrer avec Prêtre-Pierre

Tu le suivais. Réponds.
Tu dois avoir vu. Dis, qu'est-il arrivé?

LE PAYSAN.

Maître,
J'ai tout vu. Mais parler, c'est dangereux peut-être.

ALBOS.

Le danger, ce serait de te taire. Je veux
Prendre et traîner ce mont hagard par les cheveux
Si quelqu'un me résiste ici! Parle!

LE PAYSAN.

O grand frère,
Entre deux peurs qu'on a, la tienne est la première.
Eh bien, voici. Le duc notre seigneur... — Voila.

Il s'arrête.

ALBOS.

Mais parle donc !

LE PAYSAN.

          L'aieul marchait comme cela.
Il ne regardait pas. Il traversait la place.
L'église est d'un côté, le donjon est en face.
Lui, par oubli, n'a pas salué le drapeau.
Le duc venait derrière. Il a vu le chapeau
De Prêtre-Pierre, et dit : Châtiez-moi cet homme !
Alors les lansquenets qu'il amène de Rome
Et de Vienne ont fait mettre à genoux ton aieul.
Un homme qui marchait vêtu d'un grand linceul,
Après le duc, on dit que c'est le bourreau, frere,
Cet homme a déchiré la robe à Prêtre-Pierre,
Puis on a pris une verge... et le sang a coule.

ALBOS.

O profondeurs des cieux, vous n'avez pas croulé !

LE PAYSAN.

Les prêtres qui suivaient le duc, portant des cierges,
Riaient. Tous, ils riaient.

ALBOS.

               On t'a battu de verges,
Vieillard ! ô le plus saint des hommes ! Ces démons !
Frapper le mage à qui Dieu parle sur les monts !
Ah ! je n'étais pas là ! Je suis un misérable.
Un vil sceptre a touché l'apôtre vénérable !
On a dans les ruisseaux traîné ces vieux genoux
Et tout ce qu'ils ont fait de prières pour nous !

Celui qui réchauffa jadis ma petite âme,
Le voilà sanglant, nu, meurtri du fouet infâme !
Il ne peut plus parler, la stupeur l'étouffant !
O mon bon vieux grand-père adoré ! mon enfant !

Il sanglote et embrasse les genoux de Prêtre-Pierre, immobile, et comme petrifié.

Ces prêtres qui riaient ! race au cœur de vipère !

Baisant les mains de Prêtre-Pierre

O mains saintes !

LE PAYSAN.

Le peuple a hué.

ALBOS.

Qui ?

LE PAYSAN.

Ton pere.

ALBOS, sanglotant

Ah ! l'homme est un aveugle imbécile et dormant !
Pour lui montrer l'abîme il faut l'écroulement,
Et pour qu'il voie enfin l'honneur et la justice,
Il faut que le soufflet de l'ombre l'avertisse !

Il se dresse.

Abominable duc ! prince abject ! affreux roi !
Oh ! qui fera sur lui tomber la foudre ?

SLAGISTRI, paraissant au seuil de la caverne.

Toi.

Dans l'ombre il tient, non par la poignee, mais par le milieu, une longue lame qui est dans un fourreau de fer.

ALBOS.

Moi ! mais je ne puis rien. Oh ! l'ours dans sa tanière
Est heureux ; le lion, secouant sa crinière,
Est heureux ; le grand tigre altier, les loups rôdants
Sont heureux ! Tous ils ont des griffes et des dents !
Mais l'homme est misérable et nu. Sa main crispée
Est sans force. Il n'a pas d'ongles.

SLAGISTRI, tirant la lame du fourreau et l'elevant au-dessus
de sa tete.

Il a l'épee !

Il jette le fourreau Pendant que la toile tombe, Albos saisit
eperdument l'epee, et Slagistri s'agenouille devant l'aieul.

MANGERONT-ILS ?

PERSONNAGES

———

AIROLO.
LE ROI DE MAN.
LORD SLADA.
MESS TITYRUS.
LE CONNETABLE.

ZINEB.
LADY JANET.

ARCHERS. SERVITEURS. PEUPLE.

ACTE PREMIER

LA SORCIÈRE

La ruine d'un cloître dans une forêt.

Une masure colossale aussi composée de troncs d'arbres
que de pans de mur. Pierres et racines mêlées.
Ecroulement et broussaille. Ensemble de bâtisse et de
végétation, crevassé çà et là de pierres rongées et de
fenêtres egueulees, peu distinctes de la vaste et informe claire-voie des branches. A droite, une chapelle
ouverte, surmontee d'une croix, et entourée de
tombes. Parmi les tombes, droite sur un socle, une
statue de saint. En avant de la chapelle, un porche
obstrué de branchages faisant une sorte de cellule.
Ce porche etant une arche, on peut y entrer de deux
côtes, soit par devant, soit par derriere. La végétation
le couvre au point d'en cacher à peu pres l'intérieur.
A gauche, un massif de hauts arbustes, en avant duquel le cintre surbaissé d'une tombe détruite offre un
deuxième enfoncement de moindre hauteur, également-
ment entouré de ronces. Autour de la ruine, un mur
bas, croulant, aisé à enjamber, plutôt parapet que
muraille.

Au delà de cette enceinte, au premier plan, la forêt. Au fond, la mer.

A la décroissance des cimes des arbres, et à l'élévation de l'horizon de mer, on sent qu'on est sur une hauteur.

Près de la chapelle, une brèche étroite dans le mur, ne pouvant donner passage qu'à une personne à la fois, s'ouvre sur un escalier de pierres brutes qui semble s'enfoncer dans un précipice et descendre vers la mer.

SCÈNE PREMIÈRE

ZINEB, seule.

Une vieille femme marche péniblement en dehors du parapet. On voit le haut de son corps. Elle est vêtue d'un sac et d'un voile en guenilles. Elle a dans ses cheveux gris, bizarrement rattaches, des pieces de monnaie qui brillent et, dans les tresses en desordre, une plume nouee qui semble couleur de feu.

ZINEB.

J'ai cent ans. Le moment est venu de mourir.

Pensive et accoudee au parapet.

Cent ans.

Elle detache de sa coiffure la plume et la considere.

Ce talisman ne peut me secourir
Désormais.

Elle replace la plume dans ses cheveux.

J'ai fini ma tâche. Allons au gîte.

Elle se met en marche lentement. Elle s'arrête et leve la tête

J'entends dans ce branchage une aile qui palpite.

C'est le tressaillement d'angoisse d'un oiseau.
Car l'homme et l'animal sont le même roseau,
L'eternel vent de mort nous courbe tous ensemble.

Elle regarde dans les arbres

C'est un ramier blessé.

On voit un pigeon voleter au-dessus d'elle

Viens, oiseau. Comme il tremble!

Elle l'examine

Oui, c'est un des pigeons messagers du couvent
Par qui les prêtres vont sans cesse s'écrivant,
Afin de tout savoir et de tout se transmettre.

Le pigeon a un papier noué à la patte

Un papier. Justement. Il apporte une lettre.
Il revient de la ville. Et, quand il a passé,
Quelque chasseur l'aura d'un grain de plomb blessé.
La lettre vient à moi, donc il faut que je lise.

*Elle dénoue avec précaution de la patte du pigeon
le papier qu'elle déploie et elle lit*

« De l'évêque à l'abbé. — S'il touche à ton église,
« On touchera son trône. »

Rêvant.

Un avis, un envoi
De prêtre à prêtre avec une menace au roi.
Guérissons l'oiseau.

Elle cueille une plante dans une fente du parapet.

Feuille, ô dictame de Crète!
J'invoque ta vertu redoutable et secrète.

Poison pour tous, pour lui sois la vie.

Elle frotte avec la feuille l'aile de l'oiseau qui semble inanime

Est-ce pas,
Nature, que tu hais les semeurs de trepas
Qui dans l'air frappent l'aigle et sur l'eau la sarcelle
Et font partout saigner la vie universelle !

*Elle continue de frotter la blessure, l'oiseau reprend force
et mouvement.*

L'aile n'est que meurtrie. Il renaît. A présent
Va porter ton haineux message, être innocent.

Elle lui rattache le papier à la patte

Ton bec est rose, oiseau cher au devin, au mage,
Au scalde. et l'arc-en-ciel est dans ton doux plumage.
Te voilà guéri. Va.

Elle lache le pigeon qui s'envole — Elle ecoute

J'entends marcher.

Elle se hâte en chancelant et soit

*ntrent le roi de Man et Mess Tityrus, chacun une sarbacane
a la main Mess Tityrus a une gibeciere au côte*

SCÈNE DEUXIÈME

LE ROI DE MAN, MESS TITYRUS ;
par instants, AIROLO.

Le roi et Mess Tityrus viennent de la forêt du côté opposé a celui par où
est sortie Zineb. Ils s'arrêtent en dehors du mur de clôture. Ils sont
suivis a distance par le connétable de l'île et par une troupe d'archers,
qui s'arrêtent au fond du théâtre.

LE ROI, a Mess Tityrus

Tu l'as

Effrayé, non touché.

MESS TITYRUS.

Je suis myope, hélas !

LE ROI.

Cela fait un chasseur dont le gibier ricane.

MESS TITYRUS.

Si vous l'eussiez visé de votre sarbacane,
Sire, il tombait. Les rois ont les talents innés.
La piste du pigeon nous a d'ailleurs menés
Tout droit, bien que mon tir ait manqué de justesse.
A ce cloître que veut surveiller votre altesse.

Il montre au roi la ruine et designe successivement du doigt
les divers points du paysage

Voici l'endroit. De loin, sire, on le reconnaît.

On voit là, sur un tertre, au milieu du genêt,
Parmi les fleurs qu'avril dans les prés vient repandre,
Un gibet.

LE ROI.

C'est à moi.

MESS TITYRUS.

           L'homme qu'on mène pendre
Reste là, sous ce mur, afin qu'un crucifix,
Tendu par quelque abbé qui l'appelle mon fils,
Lui puisse être au besoin offert du haut du cloître.

Montrant l'horizon.

Ici la mer qu'au loin on voit croître et décroître.

*Montrant la breche du mur par ou s'enfoncent les pi emieres marches
de l'escalier dans un rochei.*

Un escalier.

Il se penche

        En bas une barque, pouvant,
Si c'est le bon plaisir de monseigneur le vent,
En deux heures porter les gens en Angleterre.
La barque est au couvent. Murs noirs, lieu solitaire ;
La fougère pour lit ; un logis fort succinct ;

Montrant la statue.

Et ce morceau de pierre est ce qu'on nomme un saint.
L'été rayonne et rit dans la forêt voisine.
Vous vouliez épouser, sire, votre cousine,
Lady Janet ; lady Janet, secretement,
Avait votre cousin, lord Slada, pour amant.

Tous deux ont pris la fuite, et depuis cet esclandre
L'aurore a vu trois fois du fond des bois descendre
La biche menant boire au lac ses jeunes faons ;
Autrement dit, voila trois jours que ces enfants.
Entendant derrière eux gronder votre tonnerre,
Sont venus se blottir chez ce saint qu'on vénère.
Je comprends leur terreur ; vous êtes en courroux.
Vous êtes amoureux et roi, vous êtes roux.
Diable !

LE ROI, crispant les poings

Oh !

MESS TITYRUS, montrant le connétable et les archers

Vous faites peur, avec ce connétable
Et ce tas d'alguazils de mine épouvantable.
Ainsi Phébus, devant Jupiter, se sauva.

LE ROI, au connétable

Fais le guet dans le bois avec tes hommes. Va.

Sortent le connétable et les archers

MESS TITYRUS, montrant le cloître

Sire, la sont cachés les tourtereaux rebelles.
Cette église est un lieu d'asile. Lois fort belles !
Un voleur qui de meurtre et de sang se repaît.
Qui s'évade, et qui veut franchir ce parapet,
Est mort, s'il saute mal, et sauvé, s'il enjambe ;
Et l'on est innocent pourvu qu'on soit ingambe.

Paraît au dela du mur Airolo Face maigre et hardie Beaucoup de cheveux
L'œil brillant Pieds nus Des haillons. Un herissement jovial

Ce mur garde et défend le fuyard éperdu.

Mess Tityus montre alternativement au roi les deux côtes
de la muraille d enceinte.

La, je suis imprenable ; ici je suis pendu.

Mess Tityus franchit le parapet et entre dans l'enceinte
Le roi y entre apres lui

AIROLO, designant Mess Tityus, a part

Tu parles bien. J'y vais faire aussi mon entrée.

Designant derriere lui la partie du taillis ou se sont enfoncés
les archers et la suite du roi.

Ma personnalité pourrait être empêtrée
Dans ce bois. Trop d'archers. L'asile est un répit.
Je m'y fourre.

Il enjambe le parapet

C'est fait.

Otant son bonnet devant la statue

Salut, saint décrépit !

Il traverse le cimetiere et sort par les arches du cloître sans être
aperçu du roi ni de Mess Tityrus.

LE ROI.

Les rois n'existent pas tant qu'on a des asiles !
A quoi bon être lord de la mer et des îles ?
Quoi ! moi le maître, à qui tous disent : j'obéis !
Moi qui descends des dieux et des loups du pays,
Moi qui de mes créneaux couvre toute la côte,
Moi. roi de Man, ayant justice basse et haute,
Moi que la guerre emplit de son souffle fougueux,
Parce qu'il a passé par la tête d'un gueux
De marmotter jadis du latin sur ces pierres.
Parce qu'un moine infect, en baissant les paupieres,

11

Un goupillon au poing. a craché son credo
Sur ce mur aspergé de quelques gouttes d'eau,
Parce que le passant, sorte de brute, épele
L'absurde mot Refuge au front de la chapelle,
Quoique je sois le roi, quoique je sois jaloux.
Quoique j'aie un donjon, des carcans et des clous,

Montrant la forêt derrière lui.

Quoique mes gens soient là tenant leurs armes prêtes,
Me voila condamné. moi l'homme que les bêtes
Et les dragons des bois craindraient d'avoir contre eux,
A laisser devant moi s'aimer deux amoureux !
Quoi! mon pas fait trembler jusqu'aux morts sous leurs marbres
Quoi ! j'ai tant accroché de squelettes aux arbres
Que la lune hideuse a peur au fond des bois ;
Et mes gibets sont tous vaincus par cette croix !

Il montre la croix sur la chapelle.

Je suis un tout-puissant frémissant d'impuissance !
Ma cousine Janet, avec son innocence,
Et mon cousin Slada, grand garçon pâle et doux,
Allons, becquetez-vous ! c'est bien, adorez-vous !
Deux insolents ! dont l'un est la femme que j'aime !
Et parce qu'ils ont eu l'odieux stratagème
De se sauver ici, d'échapper à ma dent,
Je reste là stupide ! — Est-ce assez impudent,
A qui brave le roi Dieu vient prêter main-forte !
Maître partout ailleurs, devant ce seuil j'avorte.
J'assiste à cet éden comme un satan transi.
Je regarde cet homme et cette femme ici
Comme une sphère voit passer une autre sphère !
Quoique près, ils sont loin. Et, furieux, que faire ?

Vingt archers sous la main qui ne servent à rien !
Triste, à l'attache. au pied de ce mur comme un chien.
Je me ronge les poings, et je perds la gageure,

Il arrache une poignée de fleurs.

Et j'écume, et ces fleurs me semblent une injure,
Tandis qu'ainsi qu'Artus et la belle Euriant
Ces amants. à travers les grands chênes, riant
De moi, vile araignée engluée en sa toile,
Contemplent le lever de quelque blanche étoile !

MESS TITYRUS.

Milord...

LE ROI.

Conseille-moi, car je suis enragé.

MESS TITYRUS, s'inclinant.

Milord...

LE ROI.

Parle.

MESS TITYRUS.

Je suis joueur de flûte, et j'ai
Pour fonction de mettre en musique le règne
De votre altesse. Il sied que le peuple vous craigne ;
Votre sceptre est un fouet, très habile, vraiment.
Apprivoiser, c'est là tout le gouvernement ;
Regner, c'est l'art de faire, enigmes délicates,
Marcher les chiens debout et l'homme à quatre pattes ;
Vous y réussissez. Vous atteignez le but ;
On est fort plat. L'impôt, la dîme, le tribut,

Croissent correctement. et. si quelques-uns grondent,
Nul n'ose résister Vos potences abondent,
Vos glaives sont coupants, vos estocs sont pointus ;
Moi, j'adoucis les cœurs en chantant vos vertus.
Ne me demandez pas autre chose.

LE ROI.

Imbécile !

Conseille-moi !

MESS TITYRUS.

Milord...

LE ROI.

Mais, pardieu ! c'est facile.
Je vais faire jeter cette masure à bas.
Des pioches !

MESS TITYRUS.

Roi, plaisirs. tournois, galas, combats.
Vous pouvez vous donner toutes vos fantaisies,
Le peuple paie. Ayez d'augustes frenésies,
Régnez, mettez en croix sur la plus haute tour
Qui vous voudrez ; prenez, pour la guerre ou l'amour,
Les femmes aux maris et les maris aux femmes,
Ayez une galere à cent paires de rames
Et faites-y ramer vos sujets tour à tour,
On se courbera. Mais, si vous touchez un jour
A l'église, a ses droits, à ce cloître inutile,
Ah bien, c'est pour le coup que dans toute cette île
On entendra sonner le tocsin jusqu'au ciel.

LE ROI.

Tu dis vrai.

MESS TITYRUS.

       Roi. le peuple est miel, le prêtre est fiel,
Soyez fort. mais prudent. Ne cherchez jamais noise.
Aigle. a l'aspic, et, prince. à l'église sournoise;
Sinon, vous sentiriez la piqûre.

Le roi et Mess Tityrus observent le cloître Derrière eux, entre deux
piliers, passe la tête d'Airolo Le roi et Mess Tityrus ne le voient pas

AIROLO, a part, jetant les yeux autour de lui

          Un hallier
Bourru, dont, sauf erreur, voici le mobilier :
Une sorcière, moi, deux amants mal a l'aise,
Et la mer variable au bas de la falaise.
Plus un roi pas content.

MESS TITYRUS, regardant le bois.

       Lieu de roucoulements.

AIROLO, regardant le roi.

Comment faire à ce roi lâcher ces deux amants?

Il disparaît

On voit voler dans les arbres un oiseau. C'est le pigeon gueri et lâche
par Zineb qui passe a tire-d aile

MESS TITYRUS, l'apercevant.

Le pigeon !

LE ROI.

   Le même?

MESS TITYRUS.

Oui.

LE ROI.

C'est vrai, le même. — Tire.

MESS TITYRUS.

Après mon roi.

Le roi ajuste le pigeon de sa sarbacane et souffle. La balle part.
Le pigeon continue à voler.

LE ROI.

Manqué !

Mess Tityrus vise le pigeon et lâche son coup de sarbacane
Le pigeon tombe.

Touché. — Par toi.

MESS TITYRUS.

Non, sire,

Par vous. C'est votre coup.

LE ROI.

J'admire qu'un ramier
Ne tombe qu'au deuxième, étant mort du premier.

MESS TITYRUS.

Effet de la grandeur des rois.

LE ROI.

Soit.

Mess Tityrus ramasse le pigeon tué, et aperçoit le papier qu'il a à la patte.

MESS TITYRUS.

Chose à lire !

L'oiseau vient de la ville en droite ligne, sire.
Il portait un message.

LE ROI.

Entre nos mains tombé,
Heureusement. Lisons.

MESS TITYRUS, dépliant le papier et lisant.

« De l'évêque à l'abbé. »

LE ROI, lui arrachant le papier et lisant

« S'il touche à ton église, on touchera son trône. »

Froissant le papier avec colère.

Ah! mon évêque ainsi me recommande au prône!

MESS TITYRUS.

Et dire que le roi doit vivre à côté d'eux!

LE ROI.

Coupons l'intrigue net. Personne, hors nous deux,
Ne connaît cette lettre arrêtée au passage.
Supprimons-la.

Il déchire la lettre en mille morceaux qu'il jette au vent
par-dessus le parapet.

Jetons à la mer le message,
Et mets dans ton carnier le messager.

Mess Tityrus ouvre sa gibecière et y met le pigeon mort

MESS TITYRUS.

Milord,
Vous l'avais-je bien dit? altesse, avais-je tort?
Voulez-vous voir votre île en feu, fâchez les prêtres.

LE ROI.

Mess Tityrus, veux-tu mon avis sur ces traîtres
Qu'on nomme le clergé, sur ces tondus maudits,
Sur leur alleluia, sur leur de profundis?
Le voici : leur autel, treteau ; leur Dieu. sornette.
J'existe, moi.

MESS TITYRUS.

                  Milord, jugeant notre planète,
J'estime qu'un seigneur équestre et carnassier,
Flanqué de cent gaillards en chemise d'acier,
Est plus que Jesus-Christ suivi des douze apôtres.

LE ROI.

Douze pleutres. Je hais toutes ces patenôtres.
Ne t'imagine pas que je sois un niais !
Si tu m'as cru pieux, tu me calomniais.
Soyez crédules ; moi, je hausse les épaules.
Je suis sans préjugés. Pour vous autres, vils drôles,
La déesse Frigga, femme de l'ours Fenris,
Est mon aieule. Oui-da! c'est prouve. Moi, j'en ris,
De vos religions je m'evade, et j'echappe
Au missel, au plain-chant, aux chasubles, au pape.
Je hais leur ciel, leur bible, et leur prétention
De nous débarbouiller par la confession.

          Frappant la terre du pied en la regardant avec dedain.

Moi, croire qu'on vous juge en cette catacombe!
Et que la mort écrit sur le seuil de la tombe :
Essuyez en entrant vos pieds au paillasson!
Contes! fables! Je suis sérieux, mon garçon.

Je vis, c'est tout. Je n'ai nulle foi, pas la moindre,
A l'eternel bon Dieu que le mourant voit poindre,
Au Christ, dont on nasille à mains jointes le nom,
A l'autre vie, à l'âme, aux fariboles, non.
Moi, vois-tu, je ne crois qu'aux sorciers.

MESS TITYRUS

C'est d'un sage.

LE ROI.

Par exemple, un corbeau le soir, mauvais présage.
Une vieille qui voit votre avenir, cela,
J'y crois.

MESS TITYRUS.

Et vous avez raison. L'énigme est la.
Certes, sous le plafond des frênes et des ormes,
Quand un cercle hurlant de spectres et de formes
Tourne dans la clairiere a minuit, sous leurs chants,
Sous leurs appels affreux, sous leurs pas trebuchants,
Une acceptation lugubre sort de l'ombre,
Et l'enfant au loin meurt, et la barque au loin sombre.
Ils sont les noirs tyrans du gouffre et du désert.
On sent que le mystère intimidé les sert;
Au cimetiere, champ que la mort seme et fauche,
Une exsudation de fantômes s'ébauche;
Qui serait la verrait rôder parmi les croix
Un pêle-mêle obscur de faces et de voix;
Et l'astre est dans la brume et l'âme est dans le trouble.

LE ROI.

Vois-tu bien, l'homme est simple et le sorcier est double;

Seul il connaît le fond du verre que je bois.
Il sait quel est le spectre intime de son bois.
Il lui parle.

MESS TITYRUS.

A propos, sire, on dit qu'il existe
Dans le vaste inconnu de cette forêt triste
Une femme tragique et puissante ; on prétend
Qu'elle fait accourir la tempête en chantant.
Ses regards monstrueux inquiètent l'abîme ;
On voit parfois, la nuit, luire sur quelque cime
Ses deux yeux lumineux et fixes, noirs témoins.
On la nomme Zineb. Elle a cent ans au moins.
Le serpent sous ses pieds glisse et n'ose la mordre.

LE ROI.

Je sais, et je la fais chercher. J'ai donné l'ordre
Qu'on me l'amène, et j'ai prescrit à mes baillis
De la tirer un jour du fond de ce taillis,
Tout en y ramassant quelques fagots pour elle.
C'est une créature âpre et surnaturelle ;
Je l'ai vue une fois. Je voudrais qu'on la prît.
J'aime ces êtres-là. Leur effrayant esprit
S'ouvre sur l'avenir ainsi qu'une fenêtre.
Vrai, je ne serais pas fâché de la connaître,
Mon cher, et j'aimerais la consulter un peu
Avant de la mêler aux braises d'un bon feu.

MESS TITYRUS.

Bien dit. De plus en plus, monseigneur, c'est d'un sage.

LE ROI, regardant du côte de la chapelle.

Les voilà !

MESS TITYRUS.

Qui ?

LE ROI

Janet ! Slada ! Surcroît de rage !
Ils se sont mariés, mon cher, en arrivant !

MESS TITYRUS.

C'est la loi qu'aux amants impose le couvent.
L'asile est a ce prix. Autrement sous ces dalles
Les vieux cercueils seraient troublés par des scandales,
Et les têtes de morts n'aiment point les baisers.
Des epoux sont, du moins on l'espère, apaisés.

LE ROI.

Janet me brave.

MESS TITYRUS.

Au fait, la question est neuve.
Elle est épouse, enfin !

LE ROI.

Soit. Je la ferai veuve.

MESS TITYRUS.

Cette solution arrange tout.

Airolo, qui vient derriere les piliers, s'arrête et ecoute sans être vu.
LE ROI, se frottant les mains avec rage.

Je veux
Qu'on parle un jour de moi chez nos derniers nevêux

Comme de Foulque Nère ou du roi Polynice !
Quand j'aurai Slada, car il faut qu'on en finisse.
Par violence ou ruse, et de force ou de gré.
Quand je l'aurai repris, car je le reprendrai,
Je le fais condamner a mort par ma justice.
Mais avant de mourir. je veux qu'on s'aplatisse.
Je lui dirai : Slada, je te fais grâce. Alors.
— C'est doux de revenir vivant de chez les morts.
On n'a pas tous les jours pareille réussite, —
Toutes les lâchetés d'un fat qui ressuscite,
Il les fera, baisant mes genoux, rassuré,
Joyeux et vil ; et moi. tout à coup, je crierai :
Imbecile ! c'etait pour rire. Qu'on le pende !

AIROLO, a part.

Bon roi !

MESS TITYRUS, avec defeience.

Qu'il ait le cou coupé. s'il le demande.

LE ROI, apies reflexion.

Parce que nous avons le même grand-père. Oui.

MESS TITYRUS.

C'est un droit dont toujours la noblesse a joui.

LE ROI.

Lâcher, reprendre, ouvrir, puis refermer la pince.
C'est ma maniere. Ainsi je me sens maître et prince.
Pour jouer de la sorte avec l'espoir, l'effroi,
La mort, la vie, il faut, vois-tu bien, être roi.

AIROLO, a part.

Il suffit d'être tigre.

Il continue sa marche et disparaît dans les recoins de la masure

LE ROI, se tournant vers le cloître.

Ah ! je finirai, certe,
Vil cloître, par-broyer ton enceinte déserte.
Infâme auberge ouverte au vassal fugitif !

MESS TITYRUS.

Milord, c'est une auberge, avec un correctif.
Si quelque moine apporte aux gens, dans ce refuge,
Un aliment quelconque, on le prend, on le juge.
Un verre d'eau tendu par-dessus le fossé
Est puni. Cette auberge est un doux in-pace.
Aux arbres, pas de fruits ; dans l'enclos, pas de sources.

Airolo reparaît au fond épiant.

Wulfe, un de vos aieux, fut un prince à ressources.
Il avait de l'esprit. Or, cet homme d'état,
A prix d'argent, obtint des abbés qu'on plantât
Partout dans cette enceinte un tas d'herbes sinistres.
Les poisons que le diable inscrit sur ses registres
Sont ici tous, s'offrant à la soif, à la faim.
C'est très ingénieux, c'est élégant, c'est fin.
Tenez, ces grappes d'or, c'est le napel. Mon hôte,
Goûtez-y, vous mourrez ce soir. Est-ce ma faute ?
Nulle brutalité. Cette église est un nid ;
Mais n'ayez appétit de rien.

Passant les broussailles en revue.

Cet aconit

12

Vous tuerait. N'allez pas porter a votre bouche
Ce pépin ; c'est l'archis, qui brûle ce qu'il touche.

AIROLO, a part.

Botanique à noter. Ces gracieux détails
Me captivent.

MESS TITYRUS, continuant.

Au frais, croissent, sous ces portails,
Les girolles ; ce sont des plantes fort aigues ;
Socrate aurait céans un bon choix de cigues ;
La scammonée, un lys que hait l'effroi public,
Prospere en ce jardin parmi le basilic ;
Voici la mandragore avec la couleuvrée ;
Voici le stacte ou boit la vipere enivrée ;
De sorte qu'on se voit protégé par les nœuds
D'un saint asile, orne d'arbustes vénéneux.

Airolo disparaît.

On est fort bien ici ; l'air est pur, l'ombre est noire.
Condition : ne point manger et ne point boire.
A cela pres, logis charmant. Pour déjeuner,
La rosee ; et, le soir, la lune pour dîner.
Menu maigre. Ah ! que l'homme a des passions folles !
Sire, ils doivent crever de faim.

LE ROI.

Tu me consoles.

MESS TITYRUS.

Crever !

LE ROI.

En es-tu sûr ? Tu flattes le tableau.

MESS TITYRUS.

Non, crever ! Je maintiens le mot. Veut-on de l'eau ?
Du pain ? Il faut se rendre. On est pris par famine.

Lord Slada et lady Janet, appuyés sur le bras l'un de l'autre, traversent
lentement l'enclos des tombes. Ils passent sans voir le roi ni Mess
Tityrus. Mess Tityrus et le roi les considèrent.

LE ROI.

Je leur trouve pourtant encor fort bonne mine !

Sortent lady Janet et lord Slada.

MESS TITYRUS, hochant la tête

Combien de temps peut vivre un couple d'amoureux
Sans boire ni manger, cœur plein et ventre creux ?

LE ROI.

Très longtemps.

MESS TITYRUS.

Un soupir devient une dépense.

LE ROI.

L'amour soutient.

MESS TITYRUS.

Trois jours ! je les plains.

LE ROI.

Mais, j'y pense !

Allant a la breche du parapet.

Mon cousin lord Slada, tu le sais, est marin.

Tous deux peuvent ce soir, si le temps est serein.
Descendre ces degrés, prendre en bas cette barque,
Et s'enfuir.

MESS TITYRUS.

Je vous fais observer, ô monarque,
Que c'est là justement l'appât et l'hameçon.
Le cloître est à deux pas ; asile, mais prison.
Cette barque amarrée a ce rocher vous tente,
Vous descendez un pas, deux pas, sur cette pente,
C'est fait, vous n'êtes plus dans l'asile. On vous prend

LE ROI.

Le risque de leur fuite est par ici fort grand ;
Veillons.

MESS TITYRUS.

Pour deux soldats la place est trop étroite.
On n'en peut mettre qu'un. L'escarpement a droite,
Le précipice à gauche. Il faut se tenir coi.
Quel homme voulez-vous placer là, sire ?

LE ROI.

Moi.

Je m'y poste en personne et je ne me rapporte
Qu'a moi, mon cher, du soin de garder cette porte.

MESS TITYRUS.

Parfait.

LE ROI.

Je barre au moins l'escalier, ne pouvant
Supprimer le bateau, puisqu'il est au couvent.

Le roi va a la breche et examine attentivement l'escalier

MESS TITYRUS, sur le devant du théâtre, à part.

Est-ce que je le hais, ce roi ? non. Donc je l'aime ?
Point. Lui veux-je du bien ? Mais non. Du mal ? pas même.
Quand je le vois pencher d'un côté bête et noir,
Je l'y pousse. Pour nuire au maître ? non. Pour voir.
Je suis le chien sournois de ce lion inepte.
Je n'ai pas de désir séditieux ; j'accepte
Ce que le hasard fait contre lui ; j'aide un peu.
J'aime à le voir gros, gras, bien portant ; c'est mon vœu
Qu'il soit riche : j'emplis derrière lui mon coffre ;
Seulement, chaque fois qu'une occasion s'offre,
Je travaille à le rendre un peu plus idiot.
Pourquoi ? Pour me distraire. Ah ! quel chef-d'œuvre, un sot !
Je le contemple avec le regard d'un artiste.
Et, pour être très gai, je tâche qu'il soit triste.
Je lui fais des tours. J'aime à berner mon prochain.
Et puis, je prouve ainsi mon indépendance.

LE ROI, revenant.

Hein ?

Que dis-tu ?

MESS TITYRUS.

Rien, seigneur.

LE ROI.

Ah ! mon cher, je distille
Le fiel.

MESS TITYRUS, à part

Moi, pas. Je suis un neutre à fond hostile.

Regardant à droite

Sire, ils viennent.

12.

LE ROI.

N'être pas vu.   Sortons, et suis-moi. J'aime autant

Ils sortent et descendent par l'escalier de rochers. Entrent par l'un des cintres ruines du cloître, du côte de la chapelle, lord Slada et lady Janet.

SCÈNE TROISIÈME

LORD SLADA, LADY JANET.

LORD SLADA.

Viens! vois! Ce bois semble content.
Il chante, et comme nous l'aube heureuse l'embrase.

LADY JANET.

Qu'éprouves-tu?

LORD SLADA.

L'ivresse. Et toi, Janet?

LADY JANET.

L'extase.

LORD SLADA.

Depuis trois jours je puis t'aimer en liberté!
Tu ne manques de rien, Janet?

LADY JANET, lui sautant au cou

Puisque je t'ai!

LORD SLADA.

Un baiser.

LADY JANET.

Deux!

Ils s'embrassent

LORD SLADA.

Sachez, madame, que vous êtes
Une beauté suprême, et que de moi vous faites
Plus qu'un dieu, votre esclave. Oh! viens, tout mon bonheur !

LADY JANET.

Quelle petite main vous avez, monseigneur!

Elle l'embrasse et se tourne vers le saint.

Nous sommes mariés.

LORD SLADA.

Ma Janet adorable!

LADY JANET.

C'est que monsieur le saint n'a pas l'air agréable.

Airolo vient de reparaître sous les arbres, écoute et regarde sans
être remarqué Janet embrasse de nouveau lord Slada.

Encore! —

A la statue

Oui, mariés.

AIROLO, a part

Mariage d'oiseaux.

Probablement.

Il disparaît.

LORD SLADA, jetant un coup d'œil sur la mer

L'été calme ces grandes eaux.

Dieu nous aide. Une barque est en bas. Sois tranquille.
Nous trouverons moyen d'échapper de cette île.
Il suffit de tromper les guetteurs un moment.
Quel beau lieu ! Cette mer, c'est un enchantement.
C'est que. vois-tu. je sens une joie inouie.
Ma vie est dans l'azur, flottante, épanouie.
Lumineuse, et mon cœur s'ouvre, et je te reçois
Et je t'aspire ! esprit, femme, qui que tu sois !
Car il est impossible, enfin, que tu contestes
Cet eblouissement de tes regards célestes
Qui te fait souveraine et terrible, et qui rend
Insensé le pauvre homme à tes côtes errant.
Oh ! vivre ensemble est doux ! Ton front au jour ressemble.

LADY JANET, posant sa tête sur l'epaule de lord Slada.

Quelque chose est plus doux encor ; mourir ensemble.
Le tombeau vous reprend dans sa pâle vapeur.
Mourir séparement, c'est effrayant. J'ai peur
Que le premier qui meurt et qui part ne rencontre
La, dehors, dans la tombe où le vrai jour se montre,
Quelque ange qui l'entraîne en son vol, pour toujours.
Dans l'infidelite des celestes amours,
Et lui fasse oublier, dans la haute demeure,
L'autre âme, l'ange à terre et sans ailes qui pleure !
On n'est pas sûr qu'un mort soit fidèle. Jurez
Que vous ne mourrez pas et que vous m'aimerez ?

LORD SLADA.

Je le jure.

LADY JANET.

Dieu même, ou toi, je te préfère !

Je n'imagine pas, n'importe en quelle sphère,
De respiration, si tu n'es de moitié.

LORD SLADA.

L'homme est fait de malheur, la femme de pitié.
C'est pour cela, Janet. que vous m'aimez. Mon rêve
Commence dans le ciel et dans vos bras s'achève,
Je monte quand je viens de l'empyrée à vous,
Et je ne suis jamais si haut qu'a vos genoux.

LADY JANET, l'entourant de ses bras.

Se tenir embrassés dans l'azur. quel beau songe!

LORD SLADA.

Janet!

LADY JANET.

Milord!

LORD SLADA.

L'extase en clarté se prolonge.
Au-dessus de nos fronts, là-haut, n'entends-tu pas
Sur nos têtes des voix, des haleines, des pas.
Et n'aperçois-tu pas une lueur sacrée?
Cette forêt ébauche au loin la vague entrée
Du divin paradis plein d'âmes et de feux
Qui sont des cœurs mêlés aux profonds gouffres bleus
Viens, aspirons l'oubli sous ces branches dormantes.
Ces nids sont des hymens, ces fleurs sont des amantes
Notre âme communique avec tous les frissons

Des choses à travers lesquelles nous passons.
Les prodiges charmants du rêve nous caressent.
Viens! aimons-nous. Le rire et les pleurs apparaissent
En perles dans ta bouche, en perles dans tes yeux.
Tu t'es transfigurée en un rayon joyeux.
Je crois te voir fouler de vagues asphodeles.
Où donc prends-tu cela que nous n'avons point d'ailes?
Je sens les miennes, moi. Je suis prêt. Si tu veux
Denouer dans l'aurore immense tes cheveux,
Si tu veux t'envoler, je suis prêt a te suivre,
Je te verrai planer, je me sentirai vivre,
Pendant que tu feras derriere toi pleuvoir
Des étoiles dans l'ombre auguste du ciel noir.
Si tu savais, je t'aime! O Janet, mes paroles,
Je les prends aux parfums, je les prends aux corolles;
J'en suis ivre; ces flots, ces rochers, ces forêts,
Aident mon bégaiement, et sont là tout exprès
Pour traduire a tes yeux ce que ma voix murmure.
Et sais-tu ce qui sort de toute la nature,
Ce qui sort de la terre et du ciel? c'est mon cœur.
Ce que je dis tout bas. ce bois le chante en chœur.
Dans l'univers, qu'un songe inexprimable dore.
Il n'est rien de réel, hors ceci : je t'adore!
Un mot remplit l'abîme. Un mot suffit. Il faut
Pour que le soleil monte à l'horizon, ce mot.
Et ce mot, c'est Amour! L'éternité le sème.
Dieu. quand il fit le monde, a dit au chaos : J'aime!

Il lui prend la main et la pose sui ses cheveux.

Mets sur mon front ta main. Je suis ton protégé.
Déesse, inonde-moi de ta lumière.

LADY JANET, à part

J'ai

Une faim !

LORD SLADA, à part

Oh! la soif.

Entre Anolo, son vêtement est en haillons

SCÈNE QUATRIÈME

LORD SLADA, LADY JANET, AÏROLO.

AÏROLO.

Voulez-vous me permettre
Une observation ?

Saluant lady Janet.

Belle dame,

Saluant lord Slada.

Mon maître,

Se redressant.

Vous avez tous les deux besoin de déjeuner.

LORD SLADA.

Qu'est cet homme ?

AÏROLO.

Quelqu'un qui vous voit rayonner.
Vrai, c'est le paradis de s'aimer de la sorte,
Mais toutefois un peu de nourriture importe ;
Vous êtes. j'en conviens, deux anges, mais aussi

13

Deux estomacs ; daignez me concéder ceci.
Paradis, mais terrestre. Adam voudrait, en somme,
— Pardon ! — sa côtelette ; Ève voudrait sa pomme.
Aimer est bon, manger est doux. Donc, tolérez,
Pendant que vous rêvez et que vous soupirez,
Que moi, l'habitue de la forêt voisine,
L'homme froid, je m'occupe ici de la cuisine.
A propos.

Montrant les verdures à terre et sur les murailles.

Sur cette herbe où courent les faucheux
J'ai des renseignements complètement fâcheux.
Tout poison. Ne goûtez à rien ici. D'emblee,
Je vous dénonce, moi, cette flore endiablee.

Leur designant les plantes ça et la.

Lycoperdon. Bolet, qui vous glace le sang.
Ce légume, qui semble un navet innocent,
C'est le tussilago, qu'on nomme aussi pied-d'âne ;
C'est fort bon pour la toux. mais on en meurt.—Me damne
Jupiter, si bientôt en dépit du danger,

Regardant la statue

A ta barbe, vieux saint, nous n'avons à manger !

Montrant la foret à lord Slada et a lady Janet.

On m'aime ici. Je puis, du moins je le complote,
D'un lapin dévoue faire une gibelotte.
Je vais dire à ce bois : Mon camarade, il faut
Te mettre dans l'esprit que l'homme est un gerfaut.
L'homme est vorace. Il est amoureux, mais il dîne.
Donc permets qu'un pigeon devienne crapaudine.

Donne-nous quelque oiseau de bonne volonté ;
Pas trop maigre. Et ce bois intelligent. flatté
D'être utile, indulgent, car lui-même il fut jeune.
Fera ce qu'il pourra pour que l'amour dejeune.
— Ah ! qu'un verre de vin serait le bienvenu !
A jeun, moi j'ai l'esprit rêveur et saugrenu ;
Je bois un coup, l'erreur s'en va. le faux se brise.
Avez-vous remarqué cela ? le vin degrise.
Laissez faire. Je vais chasser aux environs ;
N'eussions-nous que des noix, mordieu ! nous mangerons.

LADY JANET.

Cet homme m'a fait peur, mais il rit d'un bon rire.

LORD SLADA.

Qu'es-tu ?

AIROLO.

Celui qui rôde. Un passant. Pour tout dire,
Je suis pour les humains ce que, pardonnons-leur,
En langage vulgaire ils nomment un voleur.

A lady Janet.　　　　　　A lord Slada.

O la plus belle ! ô sire aimable entre les sires !
Ayant un peu le temps de causer, vu les sbires
Qui nous guettent, je vais, pour charmer vos ennuis.
Vous dire de mon mieux qui je suis, si je puis.

Il se place entre eux deux et prend sous un de ses bras le bras de
lord Slada et sous l'autre le bras de lady Janet

Mes bons amis, il est deux hommes sur la terre :
Le roi, moi. Moi la tête, et lui le cimeterre.
Je pense. il frappe. Il règne, on le sert à genoux ;
Moi, j'erre dans les bois. Tout tremble autour de nous ;
Autour de moi c'est l'arbre, autour de lui c'est l'homme.

Le meilleur vin de Chypre emplit son vidrecome ;
Moi, je bois au ruisseau dans le creux de ma main.
Le roi fait toujours bien, moi toujours mal. Amen.
Lui couronné, moi pris, nous marchons en cortège.
Chers, il vous persécute et moi je vous protège.
Le prince est la médaille et je suis le revers ;
Et nous sommes tous deux mangés des mêmes vers.
Peut-être en ma caverne on fait un meilleur somme
Que dans la sienne. Il est fort vulnérable, en somme.
Il peut aussi finir par être échec et mat.
Le roi, c'est mon contraire. Ou bien mon grand format
Je suis un conquérant de liards dans les poches.
Mais j'ai l'honnêteté des bonnes vieilles roches ;
Je suis le va-nu-pieds, mais non pas l'aigrefin ;
Je livre la bataille immense de la faim
Contre le superflu des autres. Qu'on me dise
Que j'ai tort si la faim devient la gourmandise.
D'accord, mais je suis maigre. Amis, j'habite aux champs.
Et je tiens compagnie aux arbres point méchants ;
Mon antre a la gaîté décente d'une cave.
Là je jeûne pendant que le moineau se gave,
La nature ayant tout prévu, l'homme excepté.
L'hiver, de droit je gèle, ayant sué l'été.
Près de moi la perdrix glousse, le mouton bêle ;
Car je suis un flâneur bien plutôt qu'un rebelle ;
Parfois dans les genêts. comme moi sauvageons.
Je rencontre un passant. je lui dis : Partageons
Ta bourse ?—Je n'ai rien. —Alors prends mon pain.

A lady Janet avec un sourire

Belle.

Absolvez-moi. Je vis dans la loi naturelle ;

Attentif après tout au chant des bois, bien plus
Qu'aux voyageurs passant avec des sacs joufflus.
Avril vient tous les ans me faire mon ménage.
Faut-il vous compléter mon portrait ? Braconnage.
C'est mon instinct. Pensif, je dedaigne de loin
Le juge, plus le prêtre ; et je n'ai pas besoin
De vos religions, je lis Dieu sans lunettes.
J'aime les rossignols et les bergeronnettes.
J'ignore si j'arrive et ne sais si je pars.
Parfois dans le zéphir je me sens presque épars.
Amants, soyez un feu ; je suis une fumée,
Ma silhouette glisse et fond dans la ramée.
Dans les chaleurs, quand juin met à sec le torrent.
Au plus épais du bois je me glisse, espérant
Surprendre le sommeil divin des nymphes lasses.
De vagues nudités au fond des clairs espaces
Que je verrais de loin, ou que je croirais voir.
Me suffiraient, l'amour ne valant pas l'espoir.
Je suis le néant gai. Supposez une chose
Qui n'est pas et qui rit ; c'est moi. Je me repose,
Et laisse le bon Dieu piocher. Dévotement,
J'écoute l'air, la pluie, et ce fier grondement
Des brutes dans les champs, de l'autan dans la nue.
Que la mer accompagne en basse continue.
Le soir j'accroche un rêve à l'astre qui me luit,
Clou de la panoplie immense de la nuit.
Je songe, c'est beaucoup. Les fleurs, voilà mon faste.
Si quelque détail cloche en ce monde si vaste,
Je n'en triomphe point, tout en l'apercevant ;
Je subis les accès de colère du vent
Et la mauvaise humeur des saisons inégales
Avec la dignité modeste des cigales.

Des éléments bourrus nous sommes prisonniers.
Bien. Soit. Les quatre vents sont quatre chiffonniers
Portant le chaud, le froid, le beau temps, la tempête ;
Chacun vient nous vider sa hotte sur la tête.
Savez-vous que le vent doit beaucoup s'amuser ?
Quel coureur ! — Jamais pris, — chanter, ne point s'user !
Ce serait là, je crois, ma vocation. Vivre
Là-haut. assourdissant d'une rumeur de cuivre
Le bon vieux genre humain. ce bipède dormant,
Être un bandit céleste errant au firmament,
Un esprit ouragan changeant cent fois de formes,
Faisant en plein azur des sottises énormes !
Ça m'irait. Mais qu'importe ! est-il rien de certain ?
Je n'ai jamais le soir mon avis du matin.
L'hésitation molle entre ses bras me porte.
Se contredire est doux. Je suis pour qu'une porte
Ne soit jamais ouverte ou fermée. A peu près
Est ma devise. Un lys me plaît, comme un cyprès !
Je ris avec le flot, et parfois dans la brume
Je pleure avec l'écueil que bat la vaste écume.
Pour l'homme, vivre c'est désirer. J'ai donné
Ma démission, moi, le jour où je suis né.
Toute la question terrestre, c'est la femme.
Qui l'aura ? Vous ou moi ? Personne et tous. Madame
Se rit de nous. Voyez, c'est un enchantement,
Une grâce, et chacun vise ce cœur charmant ;
Le bonheur, but réel, mais conquête impossible,
Est un concours d'archers dont la femme est la cible.
J'y renonce. Hélas ! l'homme a pour bien le péché.
Comme une sensitive, avant qu'il l'ait touché,
Il voit se dérober le bonheur contractile.
Dire au destin son fait, c'est beau, mais inutile ;

Je m'en prive. On s'escrime a deviner pourquoi
Le mal règne pendant que le bien se tient coi,
Et de ce pugilat avec la destinée
Notre logique sort fort contusionnée.
Moi, j'aime mieux grimper dans les arbres. J'aurais
Droit au titre de clown familier des forêts;
Dans tous leurs casse-cous j'exécute une danse.
Parfois aux moineaux francs je parle en confidence.
Je leur conte comment j'aurais fait si j'avais
Fait le monde, et que l'homme eût été moins mauvais.
Je reçois leurs bravos, j'accepte leurs huées,
Et je discute avec ces bavards des nuees.
Je leur dis mon système; ils jasent en tout lieu,
Et quelque chose en va peut-être jusqu'à Dieu,
Et c'est une façon de le mettre en demeure.
S'il m'écoute, il fera la vie un peu meilleure.
A présent croyez-vous mon métier lucratif?
Point. Je ne suis de rien ici-bas le captif.
Voila tout.

Jetant les yeux sur la vegetation.

Passereaux, j'ai le même bocage
Que vous. et j'ai la même épouvante, la cage.

A lord Slada.

Mon patrimoine est mince. Errer dans les sentiers,
C'est la mon seul talent; je plains mes heritiers.
Voyons, que laisserai-je apres moi?

Regardant autour de lui

Cette dune,
Ces sapins, les roseaux, l'étang, le clair de lune,

La falaise où le flot mouille les goémons,
La source dans les puits. la neige sur les monts,
Voila tout ce que j'ai. Moi mort, si l'on défalque
De tout cela de quoi payer le catafalque.
Il reste peu de chose. — Ah! je vaux bien les rois.
Car j'ai la liberté de rire au fond des bois.
Mon chez-moi c'est l'espace. et Rien est ma patrie.
Voyez-vous, la naissance est une loterie ;
Le hasard fourre au sac sa main, vous voila né.
A ce tirage obscur la forêt m'a gagné.
Joli lot. C'est ainsi que, parmi la bruyère
Où Puck sert d'hippogriffe à la fee écuyère,
Enfant et gnome, etant presque un faune, j'échus
Comme concitoyen aux vieux arbres fourchus.
Dans l'herbe, dans les fleurs de soleil penetrées.
Dans le ciel bleu, dans l'air doré, j'ai mes entrees
Sous mes yeux tout s'épouse, et sans gêne on s'unit.
On s'accouple, le nid encourage le nid.
Et la fauve forêt manque d'hypocrisie.
Je suis l'âme sereine a qui Pan s'associe.
Je suis tout seul, je suis tout nu. quel sort charmant!
Pourtant rien n'est complet. Vivre sans vêtement.
Sans maison, sans voisin. à l'état de nature.
Comme un lievre orphelin cherchant sa nourriture.
En plein désert, ayant pour outils ses dix doigts.
Avec les animaux féroces dans les bois,
Cela même a parfois ses côtés incommodes.
Mais, les oiseaux étant heureux, je suis leurs modes.
La divine rosée éparse est le cadeau
Que fait la fraîche aurore à ces gais buveurs d'eau.
J'en bois comme eux. Comme eux je m'en grise, et je chante
Mais j'aime aussi du vin l'extase trébuchante.

De temps en temps, je vais à la ville, en congé.
Quant à mes qualités, je suis très goinfre. et j'ai
Un comique grossier qui plaît aux basses classes.
Je le sais pour avoir hanté les populaces.
En somme, je médite, en regardant tantôt
Dans les ronces, par terre, et dans le ciel, là-haut.
J'erre comme un chevreuil. comme un pinson je perche.
L'homme ayant égaré le bonheur. je le cherche.
Un jour, dans une rue, aux badauds, aux valets,
Un vieux pitre enseignait, entre deux gobelets.
La science, et j'en ai pu saisir au passage
Toute la quantité qu'il faut pour être sage.
Je m'en sers dans les bois. J'en trouve ici l'emploi.
Maintenant, que je sois traqué, mis hors la loi,
Par vos codes coiffé d'un sombre bonnet d'âne,
Que j'escroque ma part de la celeste manne,
Possesseur de zéro, que j'en sois le voleur,
Ça fait rire. Je suis le pire et le meilleur.
Je suis l'homme d'en bas. Amis, c'est agréable.
Dieu, s'il n'était pas Dieu, voudrait être le Diable.
Je vois l'envers de tout. Que c'est risible, hélas !
Pourtant d'être épié par le guet je suis las.
Ce matin, le sentant dans l'ombre où je m'enfonce,
J'ai balayé ma roche, époussete ma ronce,
Mis de l'ordre en mon trou que j'ai barricadé ;
Après quoi, serviteur ! je me suis évadé,
Et je prends comme vous cet asile pour gîte.
Mais sans plaisir.

LORD SLADA.

Pourquoi ?

AÏROLO.

Voir un mur, ça m'agite.

LORD SLADA, montrant l'espace autour d'eux

C'est un beau lieu pourtant. L'horizon enflammé,
Les bois, la mer, le ciel...

AIROLO.

Ça sent le renfermé.
On est captif ici. Cette enceinte me fâche.
Protégé, mais coffré. Soit, le gibet me lâche,
Mais la prison me tient, moi l'homme hasardeux.
Entre deux objets laids, haïssables tous deux,
C'est pour le plus voisin que j'ai le plus de haine.
Après tout, j'aime autant la corde que la chaîne
Et la mort que la geôle. Un nœud qui pend d'un clou,
Et qu'on serre une fois pour toutes à mon cou,
Me délivre d'un tas de choses que j'évite.
Cela dit, je m'en vais aux provisions.

Il enjambe le parapet

Vite !

LADY JANET.

Mais, monsieur, vous risquez d'être pris.

AIROLO.

Et pendu.

LADY JANET.

Pendu !

AIROLO.

Tout à fait. — Mais cela vous est bien dû.
Vous êtes si charmants ! Vous me plaisez.

LORD SLADA.

Non ! reste.

AIROLO.

Je vous rapporterai, couple frais et céleste,
Tout a l'heure de quoi continuer d'aimer.

Il saute par-dessus le parapet.

LADY JANET.

Il part !

LORD SLADA.

Il n'entend pas se laisser affamer.
C'est un bon diable. Il veut déjeuner.

LADY JANET.

S'il s'en tue,
Tout sera bien.

LORD SLADA.

Je puis maintenant te le dire,
Je me mourais de soif.

LADY JANET.

Et moi de faim.

LORD SLADA.

Des pas !

Viens.

Ils entrent dans l'espece de porte-cellule a droite, lord Slada souleve les
branches, lady Janet se baisse et passe, les branches retombent, ils
disparaissent

Entre Mess Tityrus, la sarbacane à la main, en guise de baguette de com-
mandement Il vient de l'escalier donnant sur le mur ou il a accompagne le 101 Il fait de sa sarbacane un signe dans les massifs de
verdure, comme s'il appelait quelqu'un

SCÈNE CINQUIÈME

MESS TITYRUS.

MESS TITYRUS.

Entre cette issue et la barque d'en bas
Le roi fait sentinelle en conscience. Un dogue,
L'œil au guet, accroupi sur le seuil d'une églogue,
Tel est pour le moment ce prince, fils des preux.
Grincer des dents devant deux enfants amoureux,
Est-ce assez bête !

Il recommence l'appel de sa sarbacane Paraît en dehors du parapet le connétable de l'île.

Or çà, monsieur le connétable,
C'est ici que du roi vous dresserez la table.
Sa grâce y veut manger.

Le connétable salue et sort.

C'est un endroit charmant
Avec deux affamés pour assaisonnement.
Sentir autrui souffrir, cela complete un rêve.
Il aura bien meilleur appetit si l'on creve
De faim autour de lui.

Considérant le cloître.

Quel endroit langoureux !

14

Je ne suis pas pour lui, je ne suis pas pour eux ;
Je regarde. Le sort, fil obscur, se dévide.
Eux ils s'adorent, pâles, l'estomac vide ;
Et lui se vengera des baisers en mangeant.
La volonté des rois soit faite ! En y songeant,
Je ris de ce réseau bizarre de caprices,
Crible à travers lequel ne passent que les vices.
Sans me risquer a rien vouloir ni souhaiter,
Je ne hairais pas de voir se réfléter,
Pour le plaisir des gens qui sont là, pour le nôtre
Le supplice de l'un sur la face de l'autre ;
Eux épris, lui gavé, s'enviant tour a tour ;
Eux Tantales de faim, lui Tantale d'amour !
Ce ne serait point mal comme spectacle.

Il ecoute.

                                   Il semble
Qu'un bruit perce à travers cette forêt qui tremble,
C'est peut-être le roi qui m'appelle.

Il sort par ou il est entré.

On voit la tête d'Airolo surgir au-dessus du parapet, puis son buste Il
    escalade le mur pemblement Il porte un fardeau C'est une femme
    évanouie, c'est Zineb

SCÈNE SIXIÈME

AIROLO, ZINEB.

AIROLO, il achève d'escalader l'enceinte

Hun !... ouf !... ah !

Il arrive sur le parapet et y dépose la vieille immobile et inerte
comme si elle était morte

Ce bois est singulier, ma parole. on y va
Chercher une noisette, on rapporte une femme.
J'ai cueilli cette vieille. Elle est bien mûre. et l'âme
Ne tient guère à ce corps frêle, usé. transparent.
Et que je viens encor de fêler en courant.

Il franchit le parapet et pose doucement Zineb a terre.

C'est la pauvre Zineb.

Il la considère e souffle.

J'ai, sans que rien m'arrête,
Couru. pour la tirer des pattes de la bête
Qu'on appelle Justice.

Il la regarde avec une sorte de tendresse et d'admiration,
puis il regarde la forêt.

Elle est l'âme d'ici.
Je la connais. Parfois, laissant là tout souci,

Nous voleurs, nous causons, nous nous donnons relâche.
Nous avons avec l'homme un rire aimable et lâche,
Nous nous chauffons les pieds au feu du chevrier,
Nous nous humanisons enfin, pour varier.
Elle, jamais. Elle a pour loi d'être à distance.
Elle tâche de voir dans l'invisible, et pense,
Et dédaigne. Jamais ce cœur ne s'asservit
Ni ne plia, depuis un siècle qu'elle vit.
Souvent son grand front blême argenté par la lune
M'est apparu. Son antre est la-bas. A la brune,
Et dès l'aube, elle va dans les rochers rôdant.
Nous ne nous parlons pas, sans nous fuir cependant.
Elle a je ne sais quoi, sous son voile de serge,
D'une mère farouche et d'une sombre vierge.
Quoique de même espèce, elle m'intimidait.
Elle est démon du bois dont je suis farfadet.

Il lui prend le bras et lui tâte le pouls

Allons, revenez donc à vous, ma bonne femme.

Il laisse retomber la main de Zineb

Je l'ai vue hier encor cueillir la jusquiame ;
Étant sorcière, elle a cette herbe en amitié.
— Sur ma foi, tout à l'heure elle m'a fait pitié.
Comme on vous la traquait dans les routes tortues !
Ils étaient tous armés de cent choses pointues,
L'archer, le paysan, le sergent, le truand ;
C'était comme un essaim de guêpes se ruant ;
Les mouches essayaient de prendre l'araignée.
Je l'ai dans le taillis brusquement empoignée,

Et, je ne sais comment j'ai fait, j'ai réussi
A la traîner, sans être aperçu, jusqu'ici.

*Il la regarde et prend entre son pouce et son index une mèche
de ses cheveux gris*

A cet âge, la femme est d'attraits dépourvue.
— Je vois Zineb avec plaisir.— Au point de vue
De la luxure. elle est hideuse ; mais elle a
De la science autant que feu Campanella.

Il se penche à son oreille et l'appelle.

He! Zineb !

Se redressant

Elle s'est en route évanouie.

L'appelant de nouveau

Zineb ! —A-t-elle encor la parole et l'ouïe ?

Considérant Zineb immobile

Si ce qu'on dit est vrai, souvent tu chevauchas
Sur des balais, parmi·les diables et les chats,
Et tu fus à minuit une stryge dansante ;
Cela n'empêche pas que pour toi je ne sente
Considération distinguée et respect.
Je connais un sabbat plus que le tien abject.
C'est le monde.

Le bras de la sorcière bouge. Sa paupière se soulève

Un soupir ! bon, elle se reveille.

Il se penche

Hé bien, nous ouvrons donc les yeux, ma pauvre vieille.

*La sorcière se dresse lentement sur son séant, écarte ses cheveux gris
de son front et de ses yeux, et le regarde*

ZINEB.

Je te dois tout, mon fils.

AIROLO.

Oui, vous avez raison.
Sans moi, vous étiez prise, et marchiez en prison.
Vous me devez ce bien, le vrai trésor, en somme,
Le seul, la liberté.

ZINEB.

Plus que cela, jeune homme.

AIROLO.

Plus que la liberté, dites-vous. Alors quoi ?
La vie ! au fait, c'est vrai.

ZINEB.

Plus que cela.

AIROLO.

Ma foi,
Je commence à ne plus comprendre votre style.

ZINEB.

Écoute, je te dois la mort sombre et tranquille.
Je te dois, dans ce bois, sous ces rameaux cléments,
Parmi ces rocs sacrés, mystérieux aimants,
Sous les ronces, au pied des chênes, sur la mousse,
Dans la sérénité de l'obscurité douce,
La mort comme les loups et comme les lions.
Je te dois, loin des peurs et des rébellions,
L'évanouissement dans la bonne nature.

Tu m'aplanis le seuil de l'extrême aventure.
Sans toi j'étais perdue, ami. Prise par eux,
Et, mourante, jetée aux vivants monstrueux !
J'ai cent ans. Hier j'ai dit : Mon agonie est proche.
Ce matin, je m'étais mise sous une roche.
Nous autres, les esprits et les bêtes des bois,
Nous voulons finir loin des rumeurs et des voix ;
Pour qui meurt, toute chose, excepté l'ombre, est fausse.
La salamandre creuse elle-même sa fosse,
La taupe va sous terre, et l'aigle encor plus loin,
Dans le nuage, et l'ours veut tomber sans témoin,
Et les tigres, rentrant leurs griffes sous leurs ventres,
Majestueusement meurent au fond des antres ;
Et quand on est leur femme, et leur sœur, on s'enfuit
Ainsi qu'eux, on se cache, et l'on rend à la nuit
Son âme, comme après la bataille, l'épée.
Donc je me dérobais. Voir, par une échappée
Le sinistre univers, de moins en moins vermeil,
Sentir qu'il devient rêve et qu'il devient sommeil,
Voir se superposer d'inconcevables routes,
Dans un tremblement triste et vague être aux écoutes,
Avoir, sans savoir où, ni comment, ni pourquoi,
La dilatation d'une fumée en soi,
C'est là mourir. L'horreur d'expirer vous étonne.
On craint d'être trop près de l'endroit où Dieu tonne.
En même temps on sent de la naissance. On croit,
Pendant qu'on s'amoindrit, comprendre qu'on s'accroît.
On distingue, en un lieu sans contour, un mélange
De soir et de matin, de suaire et de lange,
Les roses, ô terreur, qui vous boivent le sang,
Et le ciel qui vous prend votre âme, et l'on se sent
Finir d'une façon et commencer de l'autre.

L'esprit plane en la mort, la matière s'y vautre.
Cette fuite des chairs qui vous quittent et vont
Vers la terre vous laisse au cœur un froid profond
Aujourd'hui, defaillante, et comprenant la chose,
Voulant sans trouble entrer dans la métempsycose,
Je m'étais enfuie en mon antre inconnu.
J'attendais le sommeil... le supplice est venu !
Des hommes, chiens hurlants, soudain m'ont découverte,
Et, comme au sanglier, dans la clairiere verte
Ils m'ont donné la chasse, et, hideux, inhumains,
M'ont poursuivie avec des pierres dans les mains,
Comme l'orage accable une barque échouée.
Oh! le prolongement des haines, la huée !
C'est horrible. En ce bois, de toutes parts battu,
J'ai fui, terrifiée... — Oh ! te figures-tu,
Être saisie, avec d'affreux éclats de rire !
Ma chair vue a travers mes haillons qu'on déchue.
Et le bûcher, le prêtre et le glas du beffroi,
Et tout ce pêle-mêle infâme autour de moi.
La foule m'insultant, les petits, les femelles,
Raillant ma nudité, ma maigreur, mes mamelles,
Ce sein qui fut jadis choisi par les démons
Pour allaiter des dieux terribles dans les monts '
Folle, à travers les rocs, les taillis, les ruelles.
Ensanglantant mes pieds aux broussailles cruelles
J'ai fui... Tu m'as sauvée, et maintenant, ici,
Je vais mourir paisible et farouche. merci !
Tout commence et périt, puis ailleurs recommence
Les flocons des vivants tombent en neige immense,
La vie est une roue éternelle, et résout
La naissance de tout par le meurtre de tout ;
L'oubli plein de tombeaux est sous le ciel plein d'astres.

Dieu, c'est les phinx. Les bois, les monts, sont les pilastres.
Les porches et les tours du grand temple inconnu.
De fantôme masqué devenir spectre nu,
C'est la tout le destin, mon fils, de tous les hommes.
Buvez vos vins, parez vos fronts, comptez vos sommes,
Et mourez. Le puissant, roi dans la tombe encor,
Veut mourir avec bruit et pourrir dans de l'or.
Mais nous, nous les proscrits, animaux ou prophetes,
Dont les âmes de rêve et de stupeur sont faites,
Nous mourons autrement. Les êtres tels que moi
Ont pour dernier refuge et pour dernier effroi
La disparition gigantesque dans l'ombre.
J'entre dans l'infini, mon fils. je sors du nombre.
Bientôt je saurai tout, et ne verrai plus rien.
Que lui. J'entends bruire un monde aérien.
Mon fils, à l'agonie il faut la solitude ;
L'âme tremblante prend sa dernière attitude ;
La rentrée au mystère est un suprême aveu ;
L'âme qui se met nue en présence de Dieu
Et qui se sent par lui vue au fond de l'abîme,
A besoin d'être seule en sa honte sublime ;
Devant Dieu, sa beauté paraît, sa laideur fond ;
Il faut au dernier souffle un espace profond,
Le silence, nul pas, nul cri, nulle prunelle,
Une noirceur sans bruit, la nuée éternelle,
Un vide lumineux, ténébreux, ébloui,
L'homme absent, et le monde immense évanoui.
Cette auguste pudeur de la mort, tu l'abrites
Sois béni.

Elle lui pose les mains sur le front

AIROLO, souriant.

C'est beaucoup pour mes faibles mérites.

ZINEB, regardant autour d'elle les broussailles.

Ce lieu plein de venins m'a plaît. Port souhaité !
Toute cette herbe, ami, c'est de l'éternité.
C'est de l'évasion. Les poisons sont nos frères.
Ils viennent au secours de nos pâles misères.
Mange une de ces fleurs tragiques de l'eté,
Tu meurs. Te voilà libre.

AIROLO, à part.

Une tasse de thé,
Sucrée et chaude, avec un nuage de crème,
Me plairait mieux.

ZINEB, etendant les bras et respirant avec peine.

Je sens venir l'instant suprême.

Elle aperçoit l'espece de caveau bas du tombeau ruine et vide à
gauche Elle s'y traîne Airolo la soutient Elle se couche dans
le tas d orties et de cigues qui emplit l'enfoncement et qui le
recouvre à demi Sa voix faiblit de plus en plus

Tu me mettras la robe odorante des houx
Et des joncs, sous ce mur que hantent les hiboux.

Elle ôte la plume qu'elle a dans ses cheveux Elle jette un coup d'œil
sur le deguenillement d'Airolo.

Des loques ! Aussi lui l'indigence l'affame.

AIROLO.

Loques. Le mot est dur pour mon linge, madame.

J'en conviens, mon costume a des trous, je le sens.
Qui laissent voir ma chair, mais aux endroits decents.

Zineb lui présente la plume qu'elle a retirée de sa coiffure

ZINEB.

Noue à présent ceci sur ton chapeau.

AIROLO.

Madame...

ZINEB.

Cette plume magique est prise au héron-flamme.
Et fait vivre celui qui la porte cent ans.

AIROLO.

Vous me faites cadeau de votre siècle.

ZINEB, se soulevant.

Attends.
Je veux te l'attacher moi-même.

Elle attache la plume au chapeau d'Airolo

O mon fils, sache
Que ni le gibet, ni le bûcher, ni la hache,
Jusqu'au jour où cent ans auront passé sur toi.
Ne peuvent entamer ce talisman. Sa loi
C'est de te protéger toujours quoi qu'il advienne.
Même pris, tu verras la gueule de l'hyène
Et la main du bourreau s'ouvrir pour te lâcher.
Tu te riras du roi, tu braveras l'archer.

Elle achève de fixer la plume et lui met le chapeau sur la tête.

Je fais un front sacré de ta tête proscrite.
Car cette plume est fee, ami, selon le rite
Suivi par Mahomet pour sa jument Borak.

AIROLO, à part.

Elle surfait sans doute un peu son bric-à-brac.

ZINEB.

Tout ce que je dis, tu dois le croire.

AIROLO.

En masse.

Oui.

A part

Rien n'afflige plus les gens qu'une grimace
Quand ils nous font cadeau, par grande affection,
D'un bibelot cueilli dans leur collection.

ZINEB.

Ne crains plus les sergents...

AIROLO.

Je hais cette séquelle.

A part.

Mais, c'est égal, s'il est une chose à laquelle
Je ne croirai jamais, c'est à ce plumeau-la.

ZINEB, montrant la plume.

Nul malheur ne peut t'arriver. — Garde-la.

Les puissants sont forcés de prendre ta défense.
Tu dois vivre cent ans.

AIROLO, a part.

Bon. Elle est en enfance.

A Zineb.

Pour l'homme la police et pour l'oiseau la glu,
C'est le danger.

ZINEB.

Jamais avant le temps voulu.
Ce talisman te met à l'abri.

Elle retombe sur la dalle.

Je défaille.
Sous ma tête une pierre, à mes pieds la broussaille.

AIROLO, a part, lui arrangeant sous elle le tas de ronces
et de gravats.

Bordons-la.

ZINEB.

Couvre-moi d'un suaire de fleurs.

Il jette des fleurs sur elle Elle continue, l'œil fixe dans la lumière
au-dessus de sa tête

Je vais donc m'envoler ! je vais donc être ailleurs !
Ah ! je vais savourer, de moi-même maîtresse,
La fauve volupté de mourir, et l'ivresse,
Fils, d'aller allumer mon âme à ce flambeau
Qu'un bras tend à travers le mur noir du tombeau !
Grâce à toi, dans mon bois j'expire souveraine.
J'étais une vaincue, et je suis une reine.
Merci !

15

AIROLO, a part.

C'est vrai, mourir a même la forêt,
C'est agréable. On a son lit d'herbes tout prêt.
Elle donne appetit de la mort, cette vieille.

ZINEB, regardant l'aurore autour d'elle

En moi l'obscur trépas; dehors l'aube vermeille.
Ah! le contraste est bon. Pourvu que, loin de tous.
J'agonise en repos. Il est grand, il m'est doux
De mourir en plein jour; la nuit vient pour moi seule.
Ces vieux arbres en fleur embaument leur aieule;
J'amalgame à mes os la terre qui les fit;
L'ensevelissement des feuilles me suffit;
Je ne veux pas d'autre ombre et n'ai pas d'autre temple.
Je meurs, les yeux ouverts, dans ce que je contemple.
C'est bien, tout luit pendant que je me refroidis.
Et quand j'expirerai tout à l'heure, tandis
Que je me mêlerai doucement aux ténèbres,
Et que mes yeux, remplis d'embranchements funèbres,
Dans les obscurites prêtes a m'engloutir
Chercheront le chemin par ou je dois partir,
Le zénith sera bleu, les roses seront'belles.
Et les petits oiseaux fouilleront sous leurs ailes.
Il est bon que ce soit ainsi. Je vais finir
Avec l'étonnement auguste de benir.

A Airolo

Sois béni. — J'ai vécu chouette, et meurs colombe.
Je suis heureuse, ami, du côté de la tombe.

Je voyais moins de ciel du temps que je vivais.
Je me sens morte, et tout s'éclaircit, et je vais
Voir grandir par degrés la formidable étoile.

Elle se leve debout, chancelante, appuyee au rochei.

Salut, ô mort! Salut, profondeur! Salut, voile!
Ce que tu caches plaît à mon sinistre amour.
Salut! la mort est aigle et la vie est vautour.
Salut, réalité. fantôme! Viens, je t'aime
Pour ton deuil, pour ta cendre, et pour ton anathème,
O spectre, et pour l'éclipse énorme que tu fais.
Mort. je ne te crains pas. Loin de toi j'étouffais.
Salut! Sans peur, vers moi, dans le blême empyrée,
Je regarde approcher ta main démesurée.
Salut dans les parfums, salut dans les chansons,
Salut dans les cités, les fleuves. les moissons,
Dans tout ce que tu mords, dans tout ce que tu ronges,
Et dans tous ces vivants dont tu feras des songes!
Tu vas me chuchoter l'ineffable secret.
J'etais sûre qu'un jour quelqu'un me le dirait.
Je m'étais accoudée au bord de la science.
J'attendais, imitant la morne patience
Des arbres. des buissons et des rochers muets.
Cent bourreaux accouraient dès que je remuais;
Devant l'homme, par qui la création souffre!
J'arrive chez toi, mort! J'écoute, apercevant
Une dispersion de larves dans le vent,
Je me dresse, je vois l'ombre où rien ne s'anime,
Et la brume, et les plans inclinés de l'abîme,
Et le seuil pâle où tremble un souffle avant-coureur,

Spectre ! et j'entre joyeuse en cette immense horreur.
Tout vaut mieux que la vie. Adieu, terre.

Elle se recouche A Airolo.

Des branches.
De l'herbe, des houx verts, des marguerites blanches.
Cache-moi.

Airolo la recouvre de verdure et de branches fleuries

C'est bien. Va.

AIROLO.

Vous quitter ! non ! pardon. .

ZINEB.

Laisse-moi commencer l'éternel abandon.
Et. muette, épier l'arrivée invisible.
Va !

Elle pose sa tête sur la pierre qu'elle a pour oreiller, et ferme les yeux

AIROLO, la considerant

C'est qu'elle se meurt pour de bon ! — Le possible.
Je l'ai fait.

Il achève de la couvrir d'herbes et de feuilles

Retournons en chasse maintenant.

Se tournant du côté de Zineb

Je crois bien la trouver défunte en revenant.

Helas! le moindre souffle éteint ces vielles lampes.
Mes deux chers amoureux doivent avoir des crampes!

Rêveur.

Quand l'estomac trahit. l'amour est en danger.
Le cœur veut roucouler, le gésier veut mange
Le cœur a ses bonheurs, l'estomac ses misères.
Et c'est une bataille entre ces deux visceres.
Lequel l'emportera? L'estomac. Donc, tâchons
De leur venir en aide. Ah! sous vos capuchons,
Moines, soyez maudits, vil troupeau, tas fossile.
De mettre au traquenard le masque de l'asile!

Regardant autour de lui

Mais où diable sont-ils?

Il se met a fureter dans la ruine Arrive au porche-cellule, qui est a droite, il ecarte les branchages qui marquent l'ogive, et l'on voit comme dans une alcôve lord Slada et lady Janet couches et endormis, l un pres de l'autre, sur un lit de fougere Au dela des deux endormis, on aperçoit l'autre issue du porche

Dans ce caveau. Dormant!

Regardant tour a tour Zineb a demi couverte de feuilles et les yeux fermes, et le couple assoupi

Ah! l'admirable effet de cet endroit calmant!
Ici l'on meurt. — Ici l'on dort. — La même chose.
Presque.

Considerant Zineb

Pauvre chardon desséché!

Considerant lady Janet

Pauvre rose!

15

Il entre en contemplation devant lady Janet

Qu'elle est belle!

Se détournant

Un moment. Airolo, mon cher!
Déconcerter les sens et chagriner la chair,
C'est la vertu.

Le regardant avec un redoublement d'extase

J'en suis incandescent. Que n'ai-je
Le droit d'offrir un kiss à ce biceps de neige!
Cupidons frissonnants que je refoule en moi,
Baisers dont je voudrais souvent trouver l'emploi.
Ce serait le moment de prendre la volée
Et de tourbillonner sur elle, ô troupe ailée!
Abeilles de mon cœur, comme vous bourdonnez!
Devant ces doux appas d'aurore illuminés,
Vous cherchez à sortir de votre ruche obscure.
Je sens confusément votre errante piqûre.

Indigne.

A la niche, appétits brutaux! tout beau! paix-là!
En pareil cas, Bayard rougit, Joseph fila,
Scipion s'esquiva, ce grand consul de Rome.
En refusant la femme on prouve qu'on est homme.

Rêveur.

— Hun? —

De plus en plus rêveur.

Est-ce bien cela qu'on Prouve? M'est avis
Qu'on prouve qu'on est neutre. et rien de plus. Je vis.
Donc toute la nature, y compris vous, mesdames,

Esta moi.—Non.—Oui.—Bah!—Pstt!—Éteignez-vous, flamm

Il se redresse avec un geste pudique et negatif et se retourne vers
le parapet

Risquons-nous de nouveau dans ce bois. J'ai promis
De faire dejeuner ces anges endormis.
Quand je n'apporterais qu'un fruit, une châtaigne,
Un oignon! Les oignons n'ont rien que je dedaigne.
L'oignon d'Égypte etait le bon Dieu dans son temps.

Examinant la forêt

Ce bois de plus en plus est plein d'archers guettants.
La police aux forêts donne de la vermine.
Au dehors la potence, au dedans la famine.
Tel est le choix.

Il enjambe a demi le mur et se gratte l'oreille

Je puis être pendu ce soir...

Il ôte son chapeau et regarde la plume de heron.

O plume, je t'invite à faire ton devoir.
Sauve-moi. Mais elle a cent ans. Ces choses s'usent.
Au bout d'un certain temps les talismans refusent
Le service... Oui, l'on croit qu'ils gardent votre peau,
On n'a qu'un vieux plumet grotesque a son chapeau.
N'importe! aventurons cette tête si chère.

Se tournant vers la cellule ou sont couches lord Slada et lady Janet

Je pars pour revenir, nous ferons grasse chère.
Comptez sur moi.

Aux deux amants.

Bonjour!

A la vieille

Bonne nuit !

Saluant la statue

Je réponds

Du dîner !

Il ramène les branches sur l'ogive du porche demantelé, de façon
a cacher complètement l'intérieur ou sont les deux endormis

Refermons les volets.

Il enjambe le parapet

Decampons.

Il saute dehors et disparait

ACTE DEUXIÈME

LE TALISMAN

—

Meme décor.

Entrent le connétable et des valets portant une table, des paniers de vin et de provisions, des vaisselles, tout un en-cas royal.

SCÈNE PREMIÈRE

LE CONNÉTABLE, VALETS, ZINEB, dans son caveau

UN VALET, a un autre

Mais il faut exhausser la table, camarade.

L'AUTRE VALET, montrant des gens qui portent un large plateau carré ayant trois marches des quatre côtes

Voici les trois degrés.

LE CONNÉTABLE.

J'approuve cette estrade ;
Il sied qu'un roi qui mange ait d'en bas pour témoins
Le reste des mortels qui mangent beaucoup moins.

Le connétable montre aux valets le massif à gauche en arrière du caveau surbaissé où Zineb est gisante

Dressez la table prête en ce bosquet, de sorte
Qu'il suffira d'un mot du roi pour qu'on l'apporte.

Les valets entrent dans le massif et disparaissent avec l'en-cas dont ils sont chargés, deux seulement restent dehors.

Que nul n'approche.

Sort le connétable

UN DES VALETS, *allant au parapet du cloître et faisant signe à l'autre de venir*

Hé !

DEUXIÈME VALET.

Qu'est-ce ?

PREMIER VALET, *regardant dans la forêt*

Il se passe en ce bois
Quelque chose...

Zineb, gisant sous la voûte basse, ouvre les yeux.

DEUXIÈME VALET.

Quoi donc ?

PREMIER VALET.

Quelqu'un est aux abois.

Zineb se soulève sur le coude et écoute

DEUXIEME VALET, allant au parapet et regardant

Oui. je vois du tumulte.

PREMIER VALET.

Est-ce un ours qu'on assomme?

DEUXIÈME VALET.

Est-ce un chevreuil qu'on cherche à prendre?

PREMIER VALET.

C'est un homme.

Zineb avance la tête

Il court dans le hallier, il court dans le genêt.

PREMIER VALET.

Il est maigre.

DEUXIÈME VALET.

Il est blond.

PREMIER VALET.

Qu'a-t-il sur son bonnet?

DEUXIÈME VALET.

On dirait une plume.

PREMIER VALET.

On dirait une flamme.
Qu'est-ce que cela?

ZINEB, se dressant sur son séant

Hein?

DEUXIÈME VALET.

Un pauvre cerf qui brame
N'est pas plus vivement traqué de toutes parts.

PREMIER VALET.

Tout le guet de l'asile est à sa suite épars,
Ils sont vingt contre un.

DEUXIEME VALET, battant des mains.

Bon! Il court.

PREMIER VALET.

Il n'est pas bête.

Comme il échappe!

DEUXIÈME VALET.

On l'a!

Battant des mains et riant

Sauvé!

S'interrompant.

Non.

PREMIER VALET.

On l'arrête!

Il est pris!

Zineb se dégage des broussailles et se met en chancelant
sur ses genoux.

Mon garçon, en vain tu te débats.

DEUXIÈME VALET.

Pris!

PREMIER VALET.

Ils vont l'aller pendre au gibet de là-bas.

DEUXIÈME VALET.

Ils lui mettent la corde au cou.

Applaudissant

Bon !

PREMIER VALET.

Pauvre hère !

DEUXIÈME VALET.

Un moine ! on le confesse.

PREMIER VALET.

Un moine a l'art de faire
Blanc comme neige un gueux noir comme le charbon.

DEUXIÈME VALET.

Ils attachent ses mains derrière son dos.

Applaudissant

Bon !

PREMIER VALET.

Ils le traînent vers nous.

DEUXIÈME VALET.

On lui lit sa sentence.

16

PREMIER VALET.

C'est ici le chemin qui mène à la potence.
Il faut qu'il passe la. Nous l'allons voir de près.

Zineb se diesse debout, echevelee, appuyee d'un bias a la voûte basse
sous laquelle elle etait couchee, et regardant par-dessus au fond du
theâtre, sans être vue des valets qui iegardent du même côte.

PREMIER VALET, poussant le coude a l'autre et regaidant
avec inquietude du côte de la breche du parapet.

Prenons garde!

On voit debouchei par la breche le roi
Les deux valets se hâtent de s'esquiver dans le fourre a gauche.

Entrent le ioi et Mess Tityrus
Zineb, l'œil hagard et fixe, ne bouge pas Le roi s'ariête, et la consideie
avec curiosite, puis avec etonnement, et frappe dans ses mains

SCÈNE DEUXIÈME

ZINEB, LE ROI, MESS TITYRUS.

LE ROI, a Mess Tityrus.

                Zineb! la vieille des forêts !
C'est elle ! c'est Zineb.

MESS TITYRUS.

        Zineb !

LE ROI.

            Certe !

MESS TITYRUS.

                  Alors, sire,
Le tête-à-tête heureux que votre cœur désire,
Vous l'avez. Parlez-lui.

LE ROI.

              Je vais l'interroger.
Le sort est la maison sinistre du danger.
Zineb peut m'entr'ouvrir la porte condamnée.
Je veux qu'elle me dise un peu ma destinée.
Mon avenir, voila ce que je veux savoir.

MESS TITYRUS.

Vous êtes un pouvoir qui rencontre un pouvoir.
Ce sera curieux.

LE ROI.

Elle a fui dans l'asile,
Elle aussi. Le hasard me sert.

Il fait un pas vers Zineb

Hé! vieille psylle!

A Mess Tityius

Leur parler durement est le meilleur moyen.
Le démon ne répond qu'intimidé.

A Zineb qui ne semble pas le voii

Fort bien!
Es-tu sourde? sorcière en ruine! masure!
Tu te tais! Je te vais faire prendre mesure
D'un brodequin qui fait bavarder les muets.

*Zineb se recouche sous la voûte, sans lui repondie
et sans le regarder.*

Les filles vont aux prés et cueillent des bleuets;
Tu vas dans les tombeaux, toi, la voleuse d'âmes,
Et, parmi les rois noirs, parmi les sombres dames.
Tu rôdes dans l'horreur nocturne des sabbats.
Moi qui commande en haut, à toi rampant en bas
Je parle, et je t'adjure, ô monstre, et je t'ordonne
De répondre! Sinon, infernale madone,
Crains ma colère! on peut te saisir même ici;
Car l'église t'abhorre, affreux cœur endurci,
Stryge que le hibou cherche en son vol oblique!
Et souviens-toi qu'il est une place publique

Où les êtres à qui le démon s'accoupla
Sont traînés, tout souillés de leur crime, et que là,
A leur chair, à leur âme, à leur nudité noire,
On donne un chaudron d'huile ardente pour baignoire.
Tremble! répondras-tu? dis!

ZINEB, detournant la tête.

Tu perds tes clameurs.
Tu ne peux rien pour moi ni contre moi. Je meurs.

LE ROI.

Vieille, veux-tu de l'or? Je suis riche.

ZINEB.

Une morte
Est plus riche que toi.

LE ROI.

Je suis puissant.

ZINEB.

Qu'importe!

LE ROI.

Je suis le roi.

ZINEB, en sursaut.

Le roi!

Elle se dresse sur son séant et le considère attentivement.

C'est le roi!

Au roi.

Tu venais
Chasser dans mes halliers, et je te reconnais.

Le regardant en face.

Roi, je ne te crains pas.

16.

LE ROI, bas a Mess Titjius

Et moi, je la redoute.

ZINEB.

Est-ce donc que tu veux me consulter?

LE ROI.

Sans doute.

ZINEB, à part.

Ah! c'est le roi.

LE ROI.

Veux-tu répondre?

ZINEB.

Oui, par pitié.

LE ROI.

Pitié, soit. Connais-tu le destin?

ZINEB.

A moitié.

Se recueillant

De tout je sais la fin et j'ignore la cause.
Roi, que veux-tu de moi? dis.

LE ROI.

Le vrai.

ZINEB.

Peu de chose.
Le vrai sur cette terre, obscure désormais,
S'est nommé tour à tour Ammon, Moïse, Hermès,
Puis il est mort.

LE ROI.

Qu'es-tu pour le savoir?

ZINEB.

Sa veuve.

Qu'attends-tu de moi? parle.

LE ROI.

Avant tout, une épreuve.

A Mess Tityrus.

Je ne me livre pas légèrement, d'abord.

MESS TITYRUS.

C'est sage.

Le roi fouille dans le carnier de Mess Tityrus, en retire le pigeon, et le presente a Zineb.

LE ROI.

Que vois-tu, vieille, en cet oiseau mort?

ZINEB, considerant l'oiseau, entre ses dents presque, a voix basse, sans regarder le roi

« S'il touche à ton église, on touchera son trône. »

LE ROI, reculant.

Jamais pythie à Delphe, ou stryge à Babylone.
Ne fut plus formidable !

A Mess Tityrus

Elle sait tout ! Je voi
L'esprit de cette femme entr'ouvert devant moi
Commeun gouffre. En ses yeux l'Inconnu semble luire.

MESS TITYRUS.

Chose qu'on ne peut trop admirer, pour produire
De tels effets, si nets, si clairs, si concluants,
Il suffit de hanter un peu les chats-huants.

LE ROI, a Zineb

O monstre, connais-tu mon avenir ?

ZINEB.

Oui.

LE ROI.

Psylle,

Dis-le-moi !

ZINEB.

Je veux bien.

Le roi se penche vers elle avec anxieto et épouvante Elle lui prend
la main, et y regarde.

LE ROI.

Parle !

ZINEB, levant la tête

Lord de cette île,

Écoute.

LE ROI, bas a Mess Tityrus.

J'ai peur.

ZINEB.

Roi !...

LE ROI, a Mess Tityrus.

Soutiens-la dans tes bras.

Mess Tityrus entoure Zineb de ses bras avec une sorte d'horreur. Le roi
se penche sur Zineb qui examine de nouveau sa main.

Parle !

ZINEB, laissant retomber la main du roi et le regardant fixement.

Le premier homme, ô roi, que tu verras
Passer avec les mains derrière le dos, sire...

Sa voix, d'abord ferme, s'affaiblit.

LE ROI.

Achève !

ZINEB.

Tu vivras autant que lui. — J'expire. —
Quand cet homme mourra, tu mourras.

Mess Tityrus la laisse retomber. — D'une voix éteinte.

Oh ! partir !
C'est doux.

Elle meurt.

LE ROI, pensif, a part.

Qui meurt n'a pas d'intérêt à mentir.

MESS TITYRUS, tâtant le cœur de Zineb

Sire, elle est morte.

LE ROI.

Bien.

Montrant le cadavre.

Dehors ! et qu'on l'enterre !
Elle a parlé de force...

MESS TITYRUS.

Elle voulait se taire.

LE ROI.

Donc, c'est un oracle.

MESS TITYRUS.

Oui.

LE ROI.

Voici ce qu'elle a dit,
Car il ne faudrait pas que cela se perdît.
Elle en savait plus long que le pape de Rome.
Aide-moi. Pesons bien les mots.—Le premier homme
Que je verrai...

MESS TITYRUS.

Que vous verrez...

LE ROI.

... Ayant les mains
Derrière le dos...

MESS TITYRUS.

Oui.

LE ROI.

... Passer par les chemins.
Je vivrai juste autant que cet homme-là. Diable !
Et, lui mort, je mourrai. C'est irrémédiable.
Voilà mon sort fixé. Je n'y puis rien changer.
C'est dit. Le genre humain ne m'est plus étranger.

Je sens qu'un fil me lie à la sombre nature.

Se penchant sur Zineb morte.

C'était la prophétesse, et c'est la pourriture.
Ce que c'est que la mort ! Diable, ne mourons point.
Mais quel est donc cet homme à qui le sort me joint ?
J'ai peur. Après tout, vivre est notre vraie envie.
Vivre d'abord. S'il est question de la vie,
Tout est simplifié.

A Mess Tityrus.

　　　　Vois-tu, je m'aperçoi
Que ce qu'on aime, au fond, toujours c'est d'abord soi.
On se croit amoureux, mon cher, on n'est que bête.
Voilà de la clarté subite ! Oui-da. ma tête,
Primo ; tout, femme, amour, recule au second plan.
Pourtant, ces étourneaux dont je suis le milan
Et sur qui j'ai des yeux fixés, il faut qu'ils meurent.

Il reste un moment absorbe, regardant Zineb

Les sinistres frissons du sépulcre m'effleurent !
Viennent-ils — oh ! j'ai froid comme si j'étais nu ! —
De cette femme morte ou de l'homme inconnu ?

Montrant Zineb.

Emportez donc cela !

Mess Tityrus fait un signe au dehors Entrent les deux valets. Ils prennent le cadavre, l'un par les pieds, l'autre par la tête, et l'emportent.

Rêveur

　　　Le premier homme...

Mess Tityrus, qui a accompagné jusqu'a la sortie les valets portant la morte, revient le long du parapet, et tout à coup s'arrête.

MESS Tityrus, regardant par-dessus le mur d'enceinte,
du côté de la forêt

Oh ! diantre !

LE ROI.

Quoi ?

MESS TITYRUS.

Là, dans le ravin, milord...

Le roi court au parapet, et regarde dans la même direction
que Mess Tityrus.

LE ROI.

Un cortège entre...

MESS TITYRUS.

Menant un prisonnier...

LE ROI.

Ça vient de ce côte.

MESS TITYRUS.

Sire, de la façon dont il est garrotté...

LE ROI.

C'est l'homme ! Il a les mains derrière le dos ! Juste !

MESS TITYRUS.

Mêler cet être infâme à votre vie auguste,
De vous et de lui faire un même coup de dé,
C'est de la part de Dieu, sire, un sot procédé.

LE ROI.

Pas d'astre à qui le sort ne jette de la cendre !

MESS TITYRUS.

Vous n'avez pas longtemps à vivre ; on va le pendre.

LE ROI, aux archers, par-dessus le parapet

Halte !

A Mess Tityrus

Il a l'air robuste et solide.

MESS TITYRUS, a part

Et rusé.

Haut

Les soldats font la haie, et tout est disposé
Pour qu'on puisse arriver au gibet sans encombre.

Débouche un cortege de potence Longue file d'archers, l'epee nue et le
mousquet haut Au milieu des archers, un homme, la corde au cou,
les mains liees derriere le dos C'est Airolo Un moine est pres de lui,
qui porte un crucifix On les voit tous a mi-corps au-dessus du parapet.
Le cortege defile dans le chemin creux qui longe exterieurement l'enceinte de l'asile Ces archers sont les mêmes qui escortaient le roi a
son entree Airolo a la plume de heron a son chapeau

LE ROI, penché sur le mur d'enceinte et haussant la voix.

Halte !

Le cortege s'arrête, Airolo se tourne vers le roi

SCÈNE TROISIÈME

LE ROI, MESS TITYRUS,
AIROLO, LE CONNÉTABLE, LE CAPITAINE ARCHER,
ARCHERS, UN MOINE.

LE ROI, a Airolo.

Quel est le lieu de ta naissance ?

AIROLO.

L'ombre.

LE ROI.

Je suis le roi. Quel est ton père ?

AIROLO.

Le malheur.

LE ROI.

Ton nom ?

AIROLO.

Airolo.

LE ROI.

Ton gagne-pain ?

AIROLO.

Voleur.

LE CONNETABLE, au roi.

Sire, nous l'allons pendre, et sans miséricorde.

A Airolo

Marche, brigand !

LE ROI.

Otez de son cou cette corde.
Détachez-le.

Les archers ôtent la corde d'Aïrolo et lui délient les bras

LE CONNÉTABLE.

Mais quoi, sire !...

LE ROI, a Aïrolo

Tombe à mes pieds,
Sacripant ! je te fais grâce.

AÏROLO.

Vous m'ennuyez !

LE ROI.

Comment !

AÏROLO.

On vous connaît. Vous êtes une altesse
Faite de cruauté, mais avec petitesse.
Il vous plaît de jouer avec un patient,
Par petite bouchée, en vous rassasiant,
Lentement, de sa peur, puis de son espérance,
Et votre volupté s'extrait de la souffrance ;
On cesse, on recommence, et vos bourreaux contents
Font durer le supplice et le plaisir longtemps.
Cette corde qui semble inerte sur le sable
Est un serpent, et saute au cou du misérable.
J'aime mieux en finir tout de suite. En avant !
Dès que j'aurais pris goût à me revoir vivant,
Vous me ressaisiriez. C'était une ironie,
Brute ! Et je referais les frais d'une agonie,

Et vous ririez ayant en réserve toujours
Le coup de griffe après la patte de velours.
Je vois sous vos douceurs votre haine qui grince.
Il ne me convient pas de vous divertir, prince,
Et d'être la souris quand vous êtes le chat.
Vite un ordre viendrait pour qu'on me raccrochât.
Allez au diable !

LE ROI.

Il est fort difficile à vivre.

AIROLO.

On me pend, laissez-moi tranquille.

LE ROI.

Est-il donc ivre ?

Avec un geste de colère.

Qu'on le pende ! Il est trop insolent.

S'arrêtant A part.

Suis-je fou ?
Le même nœud coulant me serrerait le cou.

Il s'avance lentement sur le devant de la scene, pensif. Mess Tityus, iro-
nique, l'observe en arrière Le roi se tourne vers lui Il avance vers le
roi Les archers se sont rangés au fond du théâtre.

Mais me voilà tombé dans un fort joli gouffre !
Cet homme est sur mes reins la chemise de soufre.
Je ne puis l'arracher sans m'arracher la peau.
Que dis-je ? Il est la chair, et je suis l'oripeau.
Cette fange est ma glu. Ce maraud, quoi qu'on fasse,
Est le fond de mon sort, et j'en suis la surface ;
Nous sommes, moi le prince et lui ce philistin,
On ne sait quel centaure infâme du destin.

Je suis roi, j'ai l'épée, et le sceptre, et la robe;
Ce gueux traîne à son pied son boulet et mon globe.
Comment nous dépêtrer l'un de l'autre? Il est roi,
Je suis esclave. Horreur! je cesse d'être moi,
Je deviens lui. S'il a la jaunisse, le jaune,
C'est moi. Dans son gibet, je reconnais mon trône.
Je descends au cercueil s'il monte à l'échafaud.
Et le perdre de vue est impossible; il faut
Le garder, être là s'il fait quelque imprudence,
Le ramasser s'il tombe, et l'éponger s'il danse,
Et l'étayer s'il boit, et, de rage étouffant,
Veiller sur ce bandit comme sur mon enfant!
Ah! que la destinée est donc une drôlesse!
Nul moyen de le faire obéir; s'il se laisse
Mourir de faim, c'est moi qui pâtis, joug honteux!
En se cassant la patte, il me ferait boiteux.
Du même axe inconnu nous sommes les deux pôles.
Ce rustre est ma moitié. Je sens sur mes épaules
Ma tête chanceler s'il lui tombe un cheveu.
Je deviens l'oncle; il est le coquin de neveu.
S'il est égratigné, la peau me cuit. S'il tousse,
J'entends en moi le coq du sépulcre qui glousse.
Je maigris si le drôle a de mauvaises mœurs;
S'il se blesse je saigne, et s'il crève je meurs.
Je suis son compagnon de chaîne.

Desespere et lêvant.

Épouvantable!

Avec precipitation.

Ah! je voudrais pouvoir le lier sur la table
Du supplice et le faire écorcher vif! J'aurais

Du plaisir à le voir pendu dans ces forêts
Ou broyé sous les pieds des chevaux dans l'etable !

A Anolo.

— Tiens, je te veux du bien. Vis !

AIROLO, a part.

Le roi véritable
Veut que je vive ! Est-il possible ? Il doit avoir
Ses motifs. Mais lesquels ? Il subit un pouvoir
Qui le rend fou. Lequel ?

Haut au roi.

Allez au diable.

LE ROI.

Reste
Avec moi, tu me plais, et. quoique bien agreste,
Tu m'es fort agréable ! ô rustre !

AIROLO.

Ah çà ! pourquoi ?

LE ROI.

Mon cher...

AIROLO.

Me faites-vous grâce de bonne foi ?
Vous êtes chat. J'en doute.

LE ROI.

Écoute.

AIROLO, a part.

La chouette
Lâche le moineau ! c'est étrange.

LE ROI.

                              Je souhaite
Que tu vives au moins jusqu'au siècle prochain.

AIROLO.

Serais-je un personnage extraordinaire ? hein ?
Que veut dire ceci ?

LE ROI.

                    Sois heureux. je l'ordonne.
Vis longtemps. Vis cent ans !

AIROLO, a part

            Cent ans !

                                        Haut
                    Roi...

LE ROI.

                                        Je te donne
Toutes les femmes.

AIROLO.

            Bah ! c'est donc à vous ?

LE ROI.

                                        L'amour
Rend l'homme heureux.

AIROLO.

            Milord...

LE ROI.

                    Je t'attache à ma cour.

AIROLO.

Dans votre cour ? Je hais les colliers.

LE ROI.

Je te nomme
Chambellan. Je te fais seigneur et gentilhomme.

AÏROLO.

Gentilhomme des bois et chambellan des loups,
C'est là ma seigneurie, et je suis un jaloux
Épris de la bruyère et de la belle étoile,
De la vague emportant en liberté la voile,
Et de la neige où sont les larges pas des ours,
Et, sire, je n'aurai jamais d'autres amours.

LE ROI, a part.

Quelle affreuse crapule! Entre Janet, si belle,
Et lui, je choisirais pourtant lui, plutôt qu'elle.
Si cet homme de qui je dépens, s'envolait,
C'est cela qui serait sans remède. — Est-il laid !

A Aïrolo.

Vis et reste avec moi.

A part.

Je suis dans sa tenaille.

AÏROLO.

A la condition que...

LE ROI.

J'accepte, canaille.

A part.

Une femme n'est rien. D'abord vivre. L'effroi,
C'est la tombe. Il me faut cet homme près de moi.

A Aïrolo.

Soyons amis.

AIROLO.

Pourquoi?

LE ROI.

Soyons inséparables.

AIROLO.

La puissance et l'ennui sont deux maux incurables.

LE ROI.

Viens.

AIROLO.

Roi...

LE ROI.

Tu seras riche.

AIROLO.

Être libre est meilleur.

LE ROI.

Je te fais prince. Viens.

AIROLO.

Non. Faites-vous voleur.

LE ROI.

Crûment? Non. Je suis roi. Ça suffit. Vis, te dis-je,
Il le faut!

AIROLO, a part

Il le faut? Hé! je flaire un prodige.

LE ROI.

Au moins cent ans.

AIROLO, à part.

Cent ans !

Se frappant le front

Quelle idée ! Ah çà ! mais.
Les dieux se cachent-ils parfois dans les plumets ?

Montrant la plume de heron a son bonnet.

Cette plume en effet est-elle vertueuse

Regardant a terre a ses pieds la corde qu'il avait au cou.

A ce point de te rompre, ô corde tortueuse !
Et, quand le roi se change en tigre à l'air plaintif,
Est-ce le talisman qui travaille ?

LE ROI.

Captif,
Tes fers tombent. Sois libre.

AIROLO, le repoussant.

Au diable !

LE CONNÉTABLE, au capitaine archer.

Son altesse
Est trop bonne. Pendez ce drôle avec vitesse.
Il blasphème son prince, il insulte le roi !

LE ROI, montrant le connetable.

Pendez cet homme-ci.

LE CONNÉTABLE.

Moi !

LE ROI.

Toi.

LE CONNÉTABLE.

Sire, pourquoi ?

LE ROI.

Parce que.

Les soldats empoignent le connétable. Le moine lui présente le crucifix.

LE CONNÉTABLE.

Mais...

LE ROI.

Tais-toi. Je hais qu'on se lamente.

On emmène le connétable accompagné du moine.

MESS TITYRUS, bas au capitaine archer.

J'arrangerai cela. Son altesse est clémente.
Gardez-le sous clef.

LE ROI, a Airolo.

Toi, vis longtemps.

AIROLO, à part.

Que d'azur !

Ce brave talisman fait des siennes, bien sûr.
La clémence vraiment tourne à la platitude.
Tâtons l'obscur terrain où je marche. L'étude
En vaut la peine. Allons doucement, pas à pas,
Et sondons. Mais pourquoi ce plumet n'a-t-il pas
Sauvé Zineb ? C'est donc un talisman pour homme ?
Non. Elle avait cent ans, et le diable économe
N'accorde pas un jour de plus, probablement.

LE ROI, à part, regardant Airolo.

L'œil d'un gredin ! Buvons l'horreur d'être clément
Jusqu'à la lie.

AIROLO, à part.

Il est bête et d'un fort calibre.

LE ROI, souriant à Airolo.

Te voilà vivant.

AIROLO.

Soit.

LE ROI.

Et libre.

AIROLO.

Suis-je libre ?

J'y consens.

LE ROI.

Te voila gentilhomme.

AIROLO, tâtant la plume a son bonnet.

Huppé !

LE ROI, a part.

Je suis l'ânier poussif de cet âne échappé !
On dirait que c'est lui qui fait grâce. J'ecume.

AIROLO, à part.

Zineb m'a fait cadeau d'une fameuse plume !

LE ROI, à part

Et dire qu'il faut plaire à ce vil caiman !

Haut.

Causons.

Avec un redoublement de sourire.

Dis-moi merci.

AIROLO.

Peuh !

A part.

Merci, talisman !

Au roi

Moi, voyez-vous, je suis ingrat de ma nature.
Tout enfant, quand j'allais, picorant ma pâture,
J'etais, si les sergents me surprenaient, fouette,
Battu, dans l'intérêt de la société ;
Eh bien, je n'étais pas reconnaissant.

LE ROI, a part.

Quelle oie !

AIROLO.

Vois-tu, mon roi, je vais te dire...

LE ROI, a part

Il me tutoie !

Le roi exaspere vient sur le devant de la scene, crispant les poings
Mess Tityrus, pendant qu'il a le dos tourne, s'approche d'Airolo

MESS TITYRUS, bas a Airolo

Continue.

AIROLO.

Hein ?

MESS TITYRUS, bas

Tu n'as rien a craindre. Va.

AIROLO.

Quoi ?

18

MESS TITYRUS, bas.

Il croit qu'il doit mourir en même temps que toi.

Baissant la voix de plus en plus.

C'est un renseignement.

AIROLO.

Merci, cher escogriffe.

A part

Le talisman me rend fort clair ce logogriphe.

Montrant le roi.

C'est moi le chat. C'est lui la souris maintenant.
J'ai sur ce roi farouche un pouvoir étonnant.
Abusons-en.

LE ROI, revenant a Airolo, caressant.

Ami, je veux, sans plus attendre.
Te combler de biens.

AIROLO.

Bah !

LE ROI, furieux.

Bah ! — Je te ferai pendre !

AIROLO.

Je vous fais remarquer que votre majesté
Va d'un sujet à l'autre avec facilité.

MESS TITYRUS, bas a Airolo.

Tu ne peux pas mourir. Il faut qu'il t'en empêche ;
Pendu, qu'il te détache, et, noyé, qu'il te pêche.

A part.

Ca m'amuse.

LE ROI, a Airolo

Je veux ton bonheur.

AIROLO.

Ta ta ta !

LE ROI, consterne

Ta ta ta !

MESS TITYRUS, a part, se frottant les mains

Que le roi, qui si longtemps goûta
Du despotisme, goûte aujourd'hui du despote.

LE ROI, a part.

Il me bâtonne avec mon sceptre !

AIROLO, a part.

Ainsi tout flotte.

Je règne.

LE ROI, a part

A ce filou quel démon m'attela ?

Haut, a Airolo.

Tu me braves !

AIROLO, avec modestie

Je fais de mon mieux pour cela.

LE ROI.

Tu manques à ton roi !

AIROLO.

Jusque-là je m'élève.

LE ROI.

Ah çà ! prétendrais-tu m'opprimer ?

AIROLO, aimable.

C'est mon rêve.

LE ROI, exaspere, a part

Il est sauvage, inculte, absolument rugueux!
Je voudrais raccourcir ta vie, atroce gueux,
Et je me vois forcé d'y mettre une rallonge!

Haut, en souriant, a Airolo.

Je t'ai fait grâce, et j'ai sur toi passé l'éponge.
Sois libre !

A part

Il me tient, comme un oiseau, dans son poing!
Ah !

Haut, avec un redoublement affectueux.

Vis longtemps !

AIROLO.

Pourquoi? Je ne te cache point
Que je suis peu charmé d'exister. Est-ce étrange!
Moi, ce serf, ce banni, ce proscrit, qui ne mange
Que quelquefois, qui vis pâle et déguenillé,
Hagard comme une ville après qu'on a pillé,
Moi qui songe à la joie ainsi qu'à la chimere,
Moi damné quand j'étais au ventre de ma mère,
Moi qu'on pour chasse, moi qu'on maudit, moi qu'on bat
Qui marche à l'abattoir tout en portant le bât.
Courbé sous tous les maux, triste rosse asservie,
Nu, saignant, je ne tiens pas du tout à la vie!
Je serais riche, beau, puissant, rimé, fêté,
Que je n'en serais pas vraiment plus dégoûté.
J'ai l'indigestion sans avoir eu l'orgie.

Hors de l'humanité, par vous autres régie,
Rôdant sur la lisière auprès de l'animal,
Espèce de vil pauvre en fuite dans le mal,
Moi qui noircis les bois que juin de fleurs émaille,
Sans nom, sans toit, sans feu ni lieu, ni sous ni maille,
Je me donne les airs d'avoir le spleen des lords!
Je compte un beau matin me tuer.

LE ROI, a part.

                                Mais alors...
Que dit-il? Se tuer! Grand Dieu!

                                Haut

                        Songe à ta mère.

AIROLO.

J'en parlais tout à l'heure, et c'est ma joie amère
De lui dire : attends-moi! Bien jeune, elle partit.
Ce qu'elle fit pour moi lorsque j'étais petit,
Je le rends à son ombre. et mon esprit retombe
Sans cesse à côté d'elle, et je berce sa tombe.
Dors, ma mère! attends-moi, je me tuerai bientôt.

LE ROI, a part

Mais cela ne fait pas mon affaire.

                                Haut.

                        Rustaud,
Maraud, croquant!

        A pa t.

                Mais non, pas d'injures. Le lâche!
                                18.

Il faut que je le charme et non que je le fâche.

Haut

Écoute. Le plaisir vient après la douleur.
Je suis un potentat.

AIROLO.

Moi, je suis un voleur.

LE ROI.

On peut s'entendre. Allons! du calme.

AIROLO.

     Altesse, en somme,
Voir les mêmes humains toujours, cela m'assomme.

Il s'appuie familièrement sur l'epaule du roi.

Puisqu'ainsi nous voilà sous les chênes profonds
Tête à tête, moi gueux, vous roi, philosophons.
La vie est un bal triste où plus rien ne m'intrigue.
Dieu, l'avare qui fait semblant d'être prodigue,
Fait toujours resservir le même mois d'avril.
Je connais son décor. Vivre est bien puéril.
Nous avons les saisons, vous avez l'étiquette.
Partout la regle. Adam est bête. Ève est coquette.
Celui qui sait le mieux tirer parti des bois
A le bon lot. A bas les villes et les lois !
Si je n'etais voleur, je voudrais être singe.

Montrant les tombes.

Voyez ce cimetière et ces morts. Que de linge
Mis au sale ! A quoi bon avoir vécu? Que sert
D'aller, d'aimer, d'agir? Ce monde est un désert

Où le faux toujours s'offre, où le vrai toujours manqu
Vous me direz qu'on peut se faire saltimbanque,
Sans doute, et le plein air est le premier des biens;
Mais il est fatigant de plaire aux citoyens.
Reste donc la forêt. Tenez, quoique je boude,
J'ai, moi, du genre humain fort peu senti le coude;
Depuis trente ans, je dors sous l'orme et le tilleul,
Et je vis hors la loi dans la nature, et, seul,
J'erre à travers la grande hamadryade verte.
Eh bien, je sens un joug. Mais la porte est ouverte.
La mort calomniée, oui, c'est la liberté !

LE ROI, a part

Il est affreusement lugubre.

AIROLO.

Ma gaîté
Vient de ce que partout,

Montrant le bois.

Si l'ennui vient me prendre,
Je vois la branche d'arbre où je pourrai me pendre.
Roi, même en la forêt, je me sens en prison.
Parfois je cherche à voir plus loin que l'horizon,
Je gravis une cime.

Il monte a un grand arbre qui donne sur le precipice

LE ROI, a part.

Il grimpe à cet érable !
Ne va pas te casser, vaurien irréparable !

A Airolo.

Tu sais grimper, au moins ?

AIROLO.

Je tombe quelquefois.

LE ROI.

Ciel ! — Viens.

AIROLO, regardant l'ocean.

Le gouffre a beau faire sa grosse voix,
Il m'attire. Mourir est noir, vivre c'est pire.

LE ROI, a Mess Tityrus.

Si j'étais empereur, je donnerais l'empire
Pour voir cet animal hors de danger.

A Airolo.

Sais-tu
Que tout finit avec la vie, homme têtu !
Plus rien après ; néant ! Est-ce que tu te fies
A l'hypothèse Dieu ?

AIROLO, se berçant dans l'arbre au-dessus du precipice, pendant que
le roi pousse des interjections de terreur.

Roi, les philosophies
Ont fort malmené Dieu, disant oui, disant non ;
On s'est fort acharné sur ce vieux compagnon,
On a frappé d'estoc, on a frappé de taille.
Dieu fut laissé pour mort sur le champ de bataille.
Mais je le crois guéri. C'est pourquoi j'ai l'honneur
De vous le présenter comme vivant, seigneur.

LE ROI, qui le suit des yeux avec angoisse dans son bercement.

Eh bien, oui, mais descends. C'est très cassant, l'érable !

AIROLO, se balançant dans l'arbre, dont les branches crient

Je le sais. Ici-bas est-il rien de durable ?

LE ROI.

Descends, monstre !

AIROLO.

Monstre ! Eh ! vous ne me permettez
Aucune illusion sur mes difformités.

LE ROI.

L'arbre va s'effondrer, ô ciel ! pour peu qu'il bouge !
Il s'est blessé ! du sang ! qu'est-ce qu'il a de rouge ?

AIROLO, souriant.

Une fleur.

Il montre une fleur qu'il vient de cueillir dans l'arbre.

LE ROI, menaçant et suppliant.

Descends donc ! Si tu crains Dieu, morbleu !
Tu dois craindre le roi. Le roi, c'est plus que Dieu !

AIROLO.

Dieu tonne, vous toussez. Voilà la différence.

LE ROI, a part.

Rustre !

Airolo saute a terre.

Il descend. Mon cœur renaît à l'espérance.

Airolo avise une des plantes qui tapissent la roche et en cueille
une brindille ou il y a quelques feuilles.

LE ROI, a Mess Tityrus

Que fait-il ?

AIROLO, lui montrant les feuilles arrachees.

Savez-vous qu'il suffit de mâcher

Cette plante qui pousse aux trous de ce rocher?
C'est la mort. — La mort germe au milieu des cytises.

Tendant la plante au roi en designant Mess Tityrus.

Essayez sur monsieur.

MESS TITYRUS.

Eh! la! pas de bêtises!

A part

Diable! Je suis sorti de la neutralité,
Ce fut une imprudence. Ouais. rentrons-y.

AIROLO, *considerant la plante avec complaisance.*

L'été
Produit cela.

Le roi veut la lui prendre.

LE ROI.

Voyons. Est-ce une véronique?
Je suis très curieux de cette botanique?

AIROLO, *touchant de ses levres la plante.*

Un coup de dent, c'est fait.

LE ROI, *tâchant de la saisir.*

Hé! donne.

Airolo ne lui laisse pas prendre le brin d'herbe et le respire avec une sorte d'ivresse.

Il est hideux
Il tire sur le fil qui nous suspend tous deux!
Il joue avec la mort! La sienne, c'est la mienne!

AIROLO.

Notre âme est, monseigneur, une bohémienne,
Une coureuse. Elle a le goût du changement.
L'autre monde est-il beau, laid, gai, méchant, aimant?
Je ne le connais pas; aussi je le préfere.
J'ai de ce globe assez, et veux une autre sphère.
Ici j'ai froid l'hiver, en été j'ai trop chaud.
Je voudrais permuter avec un de là-haut.
Je désire goûter le foin d'une autre étable,
Aller voir si c'est grand et si c'est véritable,
Et j'ai la vague soif du ciel mystérieux.

Il continue d'aspirer amoureusement la plante.

LE ROI, a part.

Que vais-je devenir avec ce furieux?

AIROLO, souriant.

L'autre vie est pour moi comme une aube confuse..

LE ROI, a part.

Si je le faisais mettre aux fers! — Bon! s'il refuse
De manger? — Il me tient, et je ne le tiens pas.

Haut.

Chassons ces visions de tombe et de trépas.

Il lui arrache la plante des mains.

Voyons, raisonne !

AIROLO.

Ennuis pesants, plaisirs fugaces!

LE ROI.

Vivre, ami, c'est jouir de tout.

AIROLO.

Roi, tu m'agaces.

Je me tuerai. Coupons le chapitre final.

Dieu, pour utiliser le confessionnal,

Inventa le péché. Donc ma faute est sa faute.

Ne pouvant m'expliquer ce monde, je m'en ôte.

En quatre mots, je hais la vie. Homme ! *ad astra!*

LE ROI, a part.

C'est un horrible fou qui m'assassinera.

AIROLO.

Voilà, sire.

LE ROI, a part.

Épions quelque moment lucide.

Airolo monte sur le parapet et mesure de l'œil le précipice

AIROLO.

Quel beau plongeon d'ici dans la mer !

LE ROI.

Régicide !

AIROLO.

Hein ?

Le roi se jette sur Airolo, l'empoigne au collet et l'arrache du parapet

LE ROI, tendrement.

Mourir est affreux. Vis, cher Airolo.

Songe à la profondeur effroyable de l'eau,

Au refroidissement de la tombe lugubre,

A l'horreur d'être spectre ! Ami, l'air est salubre,

Le soleil luit, le nid eclôt dans le buisson,

Tout est riant. Pourquoi mourir? Sois bon garçon.

A part.

Ah! quelle mine atroce! et je suis dans sa serre!

Haut, avec charme et caresse

Je veux transfigurer en splendeur ta misère
Mes jours ne me sont pas plus sacrés que les tiens.

AIROLO.

Bah!

LE ROI.

Si tu mourais, oui, je mourrais!

AIROLO.

Tiens! tiens! tiens!

A part, en riant

Le sortilège au roi donne cette berlue.

LE ROI.

Vis! je le veux. Vivons! c'est chose résolue
Tu dois avoir beaucoup de talents. Moi le roi.
Non, non, je ne veux pas qu'un homme tel que toi,
Qu'un homme nécessaire à ses semblables, meure.
Quand j'ai vu ton visage honnête tout à l'heure,
Je ne sais quel éclair devant mes yeux passa.
Que te dire? ton roi t'aime!

AIROLO.

C'est comme ça?
Eh bien alors, j'ai faim!

Il s'assied sur une pierre

Qu'on me dresse une table
19

Copieuse, insensée, aimable, délectable.
Je veux manger. Manger énormément.

LE ROI.

Bravo !

Mangeons. A la bonne heure !

AIROLO.

Ayez du bœuf, du veau,
Du mouton, du chapon, tout l'idéal !

LE ROI.

J'abonde !

AIROLO, aux soldats, aux valets et aux courtisans au fond du théâtre

Servez !

Le roi leur fait signe d'obéir.

AIROLO.

Que le gibier, peuplade vagabonde,
S'abatte tout rôti dans des assiettes d'or !
Donnez tous vos oiseaux, de la grive au condor,
De quoi faire au seigneur Polyphème une tourte,
Bois où j'ai vu courir Diane en jupe courte !
Que les monstres exquis nageant au gouffre amer
Viennent, et pour la sauce abandonnent la mer !
Qu'un vin pur fasse fête aux poulardes friandes !
Et que de cet amas de fricots et de viandes,
Du chaudron qui les bout, du fourneau qui les cuit,
Il sorte une fumée assez épaisse, ô nuit,
Pour aller dans le ciel rougir les yeux des astres !

Au roi.

Vous n'épargnerez pas les doublons et les piastres
Pour m'offrir dès ce soir un festin réussi.

LE ROI.

Voilà ce que j'appelle un bon vivant! Merci!
Accepte en attendant cet en-cas.

Les valets poussent du fond du massif sur le théâtre la grande estrade
roulante exhaussée de trois degres et portant une table. L'estrade
occupe et masque une partie du fond du théâtre, et touche d'un côté
au porche a double issue qui est a droite. Nappe de guipure a la table,
tapis de velours a l'estrade. La table est magnifiquement servie. Vais-
selle plate, aiguieres d'or et d'argent, cristaux, pâtes, jambons, faisans, paons avec leurs queues, flacons et bouteilles. En même temps,
entre une troupe de musiciens de la chambre du roi, qui se rangent
avec leurs instruments derriere la table.

AIROLO, regardant la table

Pauvre.

LE ROI.

Écoute,

Je t'aime. Sois goulu. Vivons! Mange.

AIROLO, a part

Et toi, broute.

Il est domestiqué supérieurement.

Les valets apportent sur l'estrade un fauteuil pour le roi,
et un tabouret qu'ils placent devant la table

LE ROI.

Vivons cent ans!

AIROLO, a part.

Cent ans! Scénario charmant.
Mon roi devient mon groom. Je lui plais. Il frissonne
De tendresse devant mon exquise personne.
J'ai pour lui des rayons mêlés a mes cheveux.
Je puis évidemment faire ce que je veux.

Je suis Bacchus, je mène un léopard en laisse.
N'hésitons pas.

Il monte sur l'estrade et s'assied sur le fauteuil royal.

LE ROI, a part.

Il prend le fauteuil, et me laisse
Le tabouret! — C'est trop! faisons-le pendre!

Il ramasse la corde a terre. Airolo l'observe. Le roi rêve

Oui!

Il laisse retomber la corde.

Non!

Sourire d'Airolo.

Qui me décollera de ce vil compagnon?

A Airolo, riant avec rage et faisant le geste d'en prendre son parti.

Prends place à mes côtés à ma table! Autant rire.
Je t'invite.

AIROLO, se levant et saluant le roi.

Pardon. J'ai mes invités, sire.

LE ROI.

Ses invités!

AIROLO, frappant du pied trois coups sur l'estrade,
Au peuple.

Bourgeois, je frappe les trois coups.
Ouvrez l'énormité de vos oreilles tous.
Manants, et vous, soldats, chers assassins, silence!
Je parle au nom du roi. Je lui fais violence
En répandant le jour, du haut de ce buffet,
Sur le tas d'actions excellentes qu'il fait.
Aujourd'hui la vertu qu'il montre est belle, immense,

Neuve, et n'a pas encor servi ; c'est la clémence.
Ce bon roi nous gardait cette surprise. Il veut
L'amnistie. Ainsi luit le soleil quand il pleut.
Il m'a sauvé. Je suis en tête de sa liste.
Et cependant, étant fort spiritualiste,
Ça dérangeait mes plans de remordre au pain noir.
De l'homme, et je voulais souper chez Dieu ce soir.
Mais bah ! Vivons. Ayons les pieds chauds, l'esprit libre,
Le cœur tendre ; il fait beau, l'eau frissonne, l'air vibre,
Le bois chante, le ciel dans les feuillages verts
Brille. Et, sur ce, laquais, ajoutez deux couverts.

Les laquais apportent deux chaises près du fauteuil.

LE ROI.

Que signifie ?

AIROLO.

Attends. J'ai ma boîte à surprises
Aussi moi.

Airolo descend les marches de l'estrade en arrière de la table Le roi étonné le suit des yeux Airolo disparaît du côté du porche couvert de lierre et dont on ne voit pas l'extérieur Pantomime stupéfaite du roi Aïrolo reparaît avec lord Slada et lady Janet Lord Slada et lady Janet, encore à demi endormis, pâles, défaillants, les yeux noyés de rêve et de sommeil, appuient chacun de son côté la tête sur une épaule d'Airolo Ils suivent ses mouvements machinalement et presque sans rien voir Il les fait monter avec lui tout chancelants sur l'estrade

LE ROI.

Ciel !

SCÈNE QUATRIÈME

Les mêmes, LORD SLADA, LADY JANET.

AIROLO, montrant au roi lady Janet, et souriant

Vénus, dans les flots et les brises,
Ne s'offrit pas plus belle aux tritons éblouis.

A part.

Je suis un ramasseur de gens évanouis.
Tout à l'heure la vieille. A présent ce beau couple.

A l'orchestre.

La musique !

Fanfare.

LE ROI, crispant les poings.

Traître ! ah !

AIROLO, s'extasiant sur lady Janet.

Teint de lys, taille souple.

Au roi.

J'en suis fort amoureux aussi.

A lord Slada et a lady Janet

Chers endormis,

Réveillez-vous.

Stupeur des deux amants. Ils ouvrent les yeux et semblent regarder
sans comprendre.

Voici le déjeuner promis.
Je n'ai pu dans le bois trouver que ça.

Il montre la table

LORD SLADA.

Quel songe !

LADY JANET.

C'est lui ! c'est notre ami !

AIROLO.

Hors moi tout est mensonge.
Déjeunons. — Commencez par vous donner un kiss
Correctement.

Les deux amants s'embrassent eperdument.

C'est fait. — Mangeons.

Il les fait asseoir. Les deux amants se mettent à manger avec avidité
Airolo leur coupe les viandes et leur verse à boire. Gestes exasperés
du roi.

Clarets, wiskys.
Anges, je vous invite au gueuleton du sacre.

Au roi

Si tu dis un seul mot, mon roi, je me massacre.

Il prend un couteau et s'en appuie la pointe sur la poitrine.

LE ROI.

Ne bouge pas !

AIROLO, versant a boire et decoupant tout en mangeant lui-même.
A lady Janet.

Mangez.

A lord Slada.

Buvez.

LE ROI, etouffant de colere, a part

Le châtier

M'enivrerait.

Bas, a Airolo.

Bandit ! filou ! banqueroutier !

AIROLO, au roi, lui offrant ce qu'il vient de decoupei

Une aile ?

LE ROI.

C'est trop fort ! ce fat, cette impudique.
Dévorent devant moi ma soupe ! — Alors j'abdique.
Autant dire cela.

AIROLO, frappant dans ses mains

C'est une idee. Eh bien !
Abdiquons. Sapristi ! faisons ça, citoyen.

Au peuple

Peuple ! ce roi parfait n'est point chiche et modique
Dans ses bontés. Il veut vous combler. Il abdique !

Acclamations du peuple

LE ROI.

Mais non ! j'ai dit cela pour rire !

LE PEUPLE.

Hurrah !

Reclamations du roi Airolo descend de l'estrade, et va au roi

AIROLO.

Trop tard.

LE PEUPLE.

Hurrah !

AIROLO.

L'on prend toujours au mot un roi qui part.

LE PEUPLE.

Vive le roi Slada !

Enthousiasme autour de lord Slada et de Janet, qui saluent Fanfares
Les soldats baissent leurs hallebardes Tityrus prête serment

AIROLO, au roi.

C'est fini.

LE PEUPLE, au roi.

Bravo, sire !

LE ROI, a Airolo

Mais ils m'aiment !

AIROLO.

Tombé. — N'allez pas vous dédire,
Ils vous assommeraient.

LE ROI.

Tu crois ?

AIROLO.

J'en ai l'espoir.

A part.

Un roi, comme ça casse aisement !

LE ROI.

Il faut voir !

Mais mon autorité ?

AIROLO.

Zeste !

LE ROI.

Mais ma vengeance ?

AIROLO.

Pstt !

Acclamations frenetiques du peuple et des soldats autour de lord Slada
et de lady Janet. Le roi s'affaisse eperdu Airolo lui montre la
forêt.

Si vous vous sauvez, vous aurez de la chance.

Les hurrahs redoublent Airolo se tourne vers lord Slada et lady Janet

Vous, vous allez régner à votre tour. Enfin,
Soit. Mais souvenez-vous que vous avez eu faim.

Fini le 27 avril 1867.

SUR

LA LISIÈRE D'UN BOIS

PERSONNAGES

LÉO.
LÉA.
UN SATYRE.

SUR LA LISIERE D'UN BOIS

LÉO, LÉA, UN SATYRE.

LÉO.

O charme tout-puissant de la pudeur farouche !
Ma bouche ne doit pas même effleurer ta bouche ;
Ta robe est le rideau du temple, et je ne veux
D'aucun souffle approchant trop près de tes cheveux ;
Tiens ton voile baissé, Léa. Je te respecte.
Ne crains rien de moi.

UN SATYRE, dans le bois.

Phrase absolument suspecte.

LÉO.

Cache ta beauté, viens, et, si je m'échappais
Jusqu'a regarder, fais le voile plus épais.
Tout ce que ton fichu couvre, je le devine ;
Mais va, je n'oserais toucher ta chair divine,
Comme on n'ose toucher l'aile d'un papillon.
Tu laisses dans mon âme un lumineux sillon ;

20

Tu sembles une rose ouverte dans des flammes ;
Envolons-nous ; mêlons les ailes de nos âmes ;
Soyons un couple honnête et céleste, et si pur
Qu'on ne nous puisse plus distinguer de l'azur.
Restons dans l'idéal. Je t'adore.

LÉA.

Je t'aime.

LÉO.

Non. Pas même un baiser. Rêvons.

LE SATYRE.

C'est un système.

Mais cela ne va pas très loin.

LÉO.

Soyons heureux,

Restons chastes ; c'est là l'amour profond...

LE SATYRE.

Et creux.

LÉO.

Aimer, c'est oublier la terre ; c'est refaire
L'éden rose au-dessus de cette sombre sphère.
Oh ! l'amour est un ange.

LE SATYRE.

Et c'est un chenapan.

LÉO.

Commençons par prier.

Levant les yeux au ciel.

Dieu ! toi qu'on nomme...

LE SATYRE.

> Pan.

LÉA.

On frappe.

LÉO.

C'est l'écho.

LEA, levant les yeux au ciel.

> Dieu des hauteurs sacrées,
Toi qui rayonnes, toi qui benis...

LE SATYRE.

> Toi qui crées.

LÉA.

Sois avec nous.

LE SATYRE.

> Il est toujours dans quelque coin.
Soyez tranquilles.

LÉO.

> Dieu ! je te prends à témoin.
Je la respecte.

LE SATYRE.

Encore ! Ah ! la pauvre petite !

LÉO, les yeux au ciel

Amour et pureté !

LE SATYRE.

Bérénice avec Tite.

LÉO.

Dieu fit ton âme ainsi que l'abeille son miel ;
Avec toutes les fleurs. Oh ! la mer et le ciel
S'unissent pour former Cythérée Aphrodite ;
Tout l'univers pensif et doux la prémédite ;
Et pour faire un chef-d'œuvre aussi complet que toi,
Il faut à Dieu, dans l'ombre où tremble notre foi,
L'éternité.

LE SATYRE.

Le temps de fumer un cigare.

LÉO.

Restons purs. Fleurs, oiseaux, soyez nos guides.

LE SATYRE.

Gare !

LÉA.

Je t'aime.

LÉO.

Les oiseaux ont des chants infinis,
Des langueurs, des soupirs, de longs essors...

LE SATYRE.

Des nids.

LÉO.

Sois comme l'hirondelle.

LE SATYRE.

Une bohémienne.

LÉO.

Tu serais dans la chambre a côte de la mienne,
La nuit, seule en ton lit, eh bien, il suffirait
Pour m'empêcher d'entrer dans ton réduit discret
Que j'eusse, ô ma Léa, présente à la pensée
Ta candeur d'un regard trop amoureux froissée,
Ta grâce, ta beauté fraîche comme le jour...

LE SATIRE.

Et que la porte fût fermée à double tour.

LÉO.

La femme contient Dieu. Tout nous vient de toi, femme !
Nous t'empruntons l'amour, nous t'empruntons la flamme,
Nous te prenons le vrai, le juste...

LE SATYRE.

Et le menton.

LÉO.

Ton nom est Rhée, Aglaure, Hébé, Pallas...

LE SATIRE.

Goton.

LÉO.

Comme en avril la rose éclôt dans les ravines,
Toutes les vérites célestes et divines
Fleurissent dans nos cœurs sitôt que nous aimons.
Le haut des cœurs est blanc comme le haut des monts ;
L'amour est ici-bas la grande cime humaine.
Chaque pas fait vers Dieu vers la femme nous mène.

20.

Rien de mauvais peut-il nous venir d'elle ? Non
La femme, sous la forme auguste de Junon,
Dans cette vérité qu'on appelle la fable,
Verse au zénith un flot de lueur ineffable ;
Le ciel est étoilé par ses seins immortels.
Oh ! dans le voisinage innocent des autels.
Le feu charnel s'épure, et l'on devient deux anges.
Sous les cloîtres croulants, pleins de clartés étranges
L'ombre aime à voir un couple errer, tendre et charmant
Les amours ont toujours hanté pieusement
Les colonnes du temple.

LE SATIRE.

Et les piliers des halles.

LÉA.

Amour !

LÉO.

Sublimité des choses idéales !

LÉA.

Oh ! que de profondeurs splendides nous voyons !

LÉO.

La vie autour de nous se disperse en rayons.

LÉA.

Quand une aube s'achève, une aube recommence.

LÉO.

Tout au-dessus de l'homme est bleu. Le ciel immense
N'est que flamme et lumiere.

LE SATYRE.

Excepté quand il pleut.

LÉO.

Vivons ! du pur amour serrons le chaste nœud.
Oh ! quel travail charmant ! Garder ton innocence !
L'adorer ! N'être plus qu'un esprit, qui t'encense !
Sonder tes yeux profonds ! Épier tes desirs !
T'inventer une suite aimable de plaisirs !
Baiser tes pieds, subir tous tes caprices, être
Ton esclave fidele et doux, ton chien, ton prêtre !
Vouloir ce que tu veux ! Se creuser le cerveau
Pour t'offrir à chaque heure un délire nouveau !
T'ouvrir des paradis inconnus ! Faire éclore
Sur ton front le sourire et dans ton cœur l'aurore !
Ne jamais oublier un instant le devoir
De chercher ce qui peut te charmer, t'émouvoir.
Te plaire ! et tous les jours recommencer !

LE SATYRE.

Va, pioche.

LEO.

Viens !

LÉA.

Où ?

LÉO.

Dans ce bois.

LÉA.

Mais...

LE SATYRE.

Fin de l'idylle: un mioche.

H. H , 16 juin 1873.

LES GUEUX

PERSONNAGES

———

MOUFFETARD.
LE MARQUIS GÉDÉON.

LES GUEUX

Une rue solitaire. Plus de murs que de maisons. Au coin
d'une borne est assis un philosophe ; il est en haillons,
pieds nus, avec une sebile de mendiant devant lui.
Il s'appelle Mouffetard. C'est lui probablement qui
plus tard a donné son nom à une rue.

MOUFFETARD.

Je croirais être au siècle enchanté de la fable
Si l'on m'offrait dix sous d'une façon affable ;
Avec dix sous j'aurais de quoi boire, manger,
Et cueillir sur Goton la fleur de l'oranger.
Une somme d'où sort le bonheur, voila, certe,
Un beau rêve ; mais quoi ! cette rue est déserte ;
Et d'ailleurs l'idéal nous échappa toujours.
Plus qu'une ruche à miel dans la gueule d'un ours,
Plus que l'ambre au cloaque ou l'ébene a Carrare,
Un passant prodiguant dix sous dans l'ombre est rare.

Entre LE MARQUIS GÉDÉON.

GÉDEON, apercevant Mouffetard

Cet homme est misérable et pensif à mon gré.
Si je l'interrogeais ?

Il s'approche de Mouffetard

Écoute. Je paierai.
Je suis marquis ; je veux savoir le fond des choses
Sur tout, sur les effets ainsi que sur les causes,
Je veux la vérité. Je te vois la, rêvant,
Et tu dois être, étant si pauvre. très savant.
Parle. Que penses-tu de Dieu ?

MOUFFETARD.

Dieu ? Je le cherche.
A l'esprit qui perd pied le dogme tend la perche.
Mais le dogme parfois casse ; on est arien.
Puis socinien. puis janséniste, puis rien.
Tu veux philosopher, marquis ? C'est une idée.
On prend à Vaugirard son vol pour la Chaldée,
Et l'on arrive au but, zéro, tout aussi bien
Que Thalès, Pythagore, et dom Félibien.
O mon marquis, la mer, la terre, les espaces
Pleins d'affreux bruits, de chocs profonds, d'oiseaux rapaces
Le ciel, cela paraît très grand dans la vapeur,
Hélas ! zéro, c'est là le fond, j'en ai bien peur.
Écoute, quand je vois les tigres, les crotales,
Les docteurs de Sorbonne et les cours prévôtales ,

Quand Dieu, qui pourrait tout faire du bout du doigt,
M'escamote en avril le printemps qu'il me doit,
Mauvais payeur faisant faillite aux échéances ;
Quand, le bien-être étant une de nos créances,
Ce Dieu, qui n'est pas Dieu s'il n'est la probité,
Nous donne trop d'hiver et pas assez d'été ;
Quand il fait l'acarus qu'on distingue à la loupe ;
Quand il jette à l'écueil difforme une chaloupe
Et laisse se noyer les pauvres gens, pouvant
Empêcher tout le mal que font les coups de vent ;
Quand, sans pitié pour l'être affreux qu'il met au monde,
Procréant au hasard le laid, l'abject, l'immonde,
Il manque Antinous et réussit Veuillot,
J'aime mieux, ne voyant à personne un bon lot,
Douter qu'il soit, plutôt que de conclure en somme
Que cet honnête Dieu n'est pas un honnête homme.
Ainsi pensaient Ibas d'Édesse et Paul de Tyr.
Maintenant, que ce Dieu me condamne à rôtir
Au gouffre où Dante a vu Benoît et Malateste,
Pour des fautes qui sont sa faute, je proteste.
L'enfer, c'est l'homme, hélas ! mouché par Dieu morveux.
Quant à l'âme, parlons de l'âme, si tu veux.
Ah ! tu prétends savoir la grande loi future.
Quelle prison la mort cache en son ouverture,
Ce qui t'arrivera défunt, et dans quels crocs,
Marquis, te saisiront les êtres sépulcraux ;
Eh bien, apprends ceci, moi qui suis de l'etoffe
De Zoroastre, moi l'unique philosophe,
Moi qui dus être prêtre et fus galérien,
Moi qui sais tout, et plus que tout, je n'en sais rien.
L'homme, ce monstre, a l'âme avec lui dans sa niche ;
Si l'âme existe, elle est à peu près ce caniche

Qu'on donne au lion fauve en son noir cabanon.
Maintenant, l'âme est-elle? Oui, certe! Ah! par dieu non!
Elle est! Elle n'est pas! Et là-dessus les sages
Se prennent aux cheveux, quand ils en ont. Leurs âges
Ne les empêchent pas de se montrer le poing.
L'âme, est-ce une ombre? Non. Est-ce une flamme? Point.
Qu'est l'âme? Psitt! Voilà ce que pensait sur l'âme
La belle Allyrhoé qui prouva qu'une femme
Peut être, au pays grec comme au pays latin,
Un sage d'autant plus qu'elle est une catin.
Cette Allyrhoé-là buvait de l'or potable,
Se baignait dans du lait divin trait dans l'étable
D'Apios et d'Io même, et donnait au larbin
Sacré qui l'essuyait trente drachmes par bain ;
Aussi je ne puis dire en quel trouble me laisse
Le décret qu'a sur nous lancé cette drôlesse.
Point d'âme, c'est fort dur. Et peu de Dieu. Si peu
Que le diable s'en sert pour allumer son feu.
Tout est doute, marquis, tout. De là le marasme
De Kant et de Voltaire, et la maigreur d'Érasme.
Moi, je plains Dieu. Peut-être on le calomnia.
Je voudrais l'opérer ; il a pour ténia
La religion ; Rome exploite son mystère.
Pauvre Dieu dont le pape est le vers solitaire.
Sous un nain parasite un colosse a langui ;
Le chêne est quelquefois dévoré par le gui ;
O marquis, si Dieu meurt, c'est tué par le prêtre.
Ah ! j'ai beau regarder, je ne vois rien paraître ;
Pourtant, j'ai plus que Lipse, Argolus et Manou,
Marquis, levé la tête et fléchi le genou.
Le réel qui luit, c'est la Mort qui le reflète ;
L'homme ne voit de jour qu'à travers ce squelette.

Donc, rien. Confucius a beaucoup fureté ;
Que trouve-t-il au fond d'une tasse de thé ?
Zéro. Zéro, plus rien. C'est là tout ce qui perce
Derrière la sagesse auguste de la Perse,
A travers Delphe et l'Inde et par les trous sournois
Qu'ont faits à la cloison du destin les chinois.
Et tu n'en sauras pas plus long, si tu t'écartes
Jusqu'a Bacon, jusqu'à Pascal, jusqu'à Descartes.
Mais tu dis : Quelque chose existe. J'en conviens.
Quoi ? Le sexe. Ève, aux temps antédiluviens,
Daphnis suivant Chloé, Jean pourchassant Jeannette,
L'emportement énorme et noir de la planète
Tournant terrible autour d'un effrayant soleil,
La marquise agitant son éventail vermeil,
Les vers que pour Javotte un lycéen rédige,
L'arbre en fleur, tout cela c'est le même prodige,
L'amour. Quand Bossuet restaure Montespan,
Ce prêtre du dieu Christ obéit au dieu Pan.
Quand monsieur le curé dénonce dans sa chaire
L'idylle d'un bouvier avec une vachère,
Quand, farouche, il foudroie au prône la façon
Dont une belle fille accoste un beau garçon,
Et la bouche cherchant la bouche et non la joue,
Il ne se doute pas. pauvre homme, qu'il secoue
Un mystère, l'amour, entre ses poings brutaux.
Les saints de pierre, droits sur leurs vieux piedestaux,
Cachent des nids qu'avril peuple, et ces bons apôtres,
Quand l'oiseau vient, se font signe les uns aux autres.
Hors ma chatte et mon chat, Manon et Desgrieux,
Lise et Jacquot, rien n'est sur terre sérieux ;
Tout le reste, vois-tu, marquis plein de promesses,
Manque à ce qu'on attend, et les brelans, les messes,

Les savants, les banquiers, l'amour vaut mieux que ça,
Et, Jésus l'ayant dit, j'en crois Sancho Pança.
Ce qui fait les bouquins sacrés fort authentiques,
C'est que nous t'y trouvons, Cantique des Cantiques,
C'est qu'on voit Cupidon gambader dans le coin
Le plus sombre d'Esdras, de Stéphane et d'Alcuin.
Faire les roses, c'est l'emploi des stercoraires.
Marquis, j'ai découvert cette loi des contraires :
Pour début se hair et pour fin s'adorer.
Quoique ne possédant que des yeux pour pleurer,
Je suis gai. Le motif, c'est que je vois qu'on s'aime,
Le dieu Kiss règne. Ah! certe, encor plus qu'on ne sème,
On extermine, on broie, on massacre; ô marquis,
Sur les trônes les rois, les gueux dans les makis,
César régnant, Mandrin poussant son estocade,
Le genre humain subit cette double embuscade ;
Le monde a pour cocher ce Dieu que nous cherchons
Sous les chapeaux de fleurs et sous les capuchons ;
Hélas ! la providence étant une haridelle,
Tout va mal ; l'ouragan souffle notre chandelle ;
La mer tue, et l'étang est pestilentiel ;
La constellation est blanche, mais le ciel
Est noir, et l'on a peur pour elle en cet abîme ;
La nuit a toujours l'air de venir faire un crime ;
Et souvent on se dit, voyant tout se ternir.
Est-ce que par hasard l'univers va finir?
La lumière en ce puits semble bien malheureuse !
Que la roue est fragile et que l'ornière est creuse !
Oui, mais sais-tu pourquoi, malgré tous les cahots
De ce vieux coche-là, je crains peu le chaos,
Et pourquoi le sourire à mes terreurs se mêle?
C'est que le gouffre est mâle et l'étoile est femelle.

On s'épousera. Dieu ne serait qu'un faquin
S'il n'eût fait Colombine exprès pour Arlequin.
Voir sous un canezou de gaze ou de barège
Un sein blanc se gonfler. c'est rassurant. J'abrège.
Marquis, toujours, ainsi qu'Isaac Laquedem,
L'amour sans s'arrêter marche, *omnibus idem*,
Inépuisable, avec nos cinq sens dans sa poche.
Suivons-le ; car la mort. cette voleuse, approche.
Ah ! n'ayons pas d'esprit, nous n'avons pas le temps :
Bornons-nous, et soyons des idiots contents.
L'âge tanne et brunit le cuir des philosophes,
C'est bien. Fais des calculs. des songes ou des strophes,
Sois citoyen dans Rome ou roi dans Lilliput.
Aie une mitre ou bien un casque à l'occiput,
Coiffe-toi d'un tromblon ou prends pour hygiène .
De porter un bonnet de mode phrygienne,
Fais ce que tu voudras, sois dieu par le biceps
Et sois Hercule, ou coupe un isthme et sois Lesseps,
Mais ne demande point à ceux qui réfléchissent
Pourquoi la peau noircit et les cheveux blanchissent,
Et sache seulement ceci qu'il faut aimer.
Dépêche-toi, marquis, vite. il faut t'enflammer,
Soupirer, être bête à tes périls et risques.
Nos jours l'un après l'autre errent comme des disques
Lancés par un joueur sombre, et roulent au fond
Du gouffre où nos destins inconnus se refont.
Mais le marquis est fou qui se donne l'étude
D'attraper l'oiseau bleu qu'on nomme certitude.
Ah ! quand il s'agit, l'homme étant aux vents jeté,
De prononcer ce mot suprême : vérité,
Toutes ces choses-là, vois-tu, mon gentilhomme,
Le bœuf dieu de Memphis et l'agneau dieu de Rome,

La substance, champ vague où Spinoza piochait,
La monade, l'atome avec ou sans crochet,
Le gaz, le tourbillon, l'aimant, je m'en défie.
Voici le dernier mot de la philosophie :
Toutes les femmes font tous les hommes cocus.

GÉDÉON.

Combien vaut ton système ?

MOUFFETARD.

Un liard.

Le marquis lui remet une bourse

Mouffetard l'ouvre et compte

Cent écus !

Levant les yeux au ciel

Sages grecs et romains ! plus d'or que vous n'en eûtes
En trois mille ans, je l'ai conquis en trois minutes !

Il recompte encore.

Vingt-cinq pistoles font cent écus, sur ma foi !

Au marquis

Marquis, je cherchais Dieu, je l'ai trouvé. C'est toi.

H. H , 10 septembre 1872.

ÊTRE AIMÉ

ÊTRE AIMÉ

LE ROI.

Sais-tu ce qui me manque et ce qui, nuit et jour,
Se refuse à ma soif ardente ? c'est l'amour !
Ah ! c'est vrai, je suis roi, cela doit me suffire.
Roi, vous êtes heureux ! C'est bien facile à dire.
Un roi n'a qu'à vouloir, un roi peut tout. Eh bien,
Retiens ceci, je peux tout, mais je ne peux rien.
Helas ! j'ai tout un peuple et je n'ai pas une âme.
Ce royaume, le cœur quelconque d'une femme,
Je ne l'ai pas. Je vois des gens s'aimer, je vois
Des êtres s'appeler dans l'ombre a demi-voix,
Je vois les cœurs, les seins. les passions fougueuses.
L'amour ! je vois des gueux adorés par des gueuses ;
Eh bien, cet amour-là, même celui qui joint
Les cœurs les plus abjects, ô deuil ! je ne l'ai point !
Je puis tout, mettre avec un mot l'Europe en flamme,
Tout, hors réaliser ce rêve qu'une femme
M'aime à cause de moi, parce que je suis moi,
Quelqu'un, un homme, et non parce que je suis roi !

Un roi n'est jamais sûr d'être aimé pour lui-même,
On l'aime pour le bruit qu'il fait, pour l'or qu'il seme.
Pour le sceptre qu'il tient, pour le trône qu'il a,
Et non parce qu'il est le garçon que voilà !
Une belle aux yeux purs me dit : Je vous adore !
Parce qu'un diable d'homme, espèce de centaure.
Est à ma porte, fier et la lance en arrêt ;
Otez la sentinelle et l'amour disparaît.
L'amour, c'est l'humble aumône et la vaste largesse.
C'est toute la folie et toute la sagesse.
Dieu refusa ce don aux rois en les créant.
Ah ! le nain est parfois nécessaire au géant ;
Le colosse a besoin. qu'il soit lion ou mage,
Que l'atome soit près de lui dans cette cage,
Le destin. En amour personne n'est petit.
La barque aide un trois-ponts tonnant qui s'engloutit ;
La douce Inez soutient l'effrayant roi don Pèdre ;
Un brin d'herbe devient le point d'appui d'un cèdre.
Ah ! l'enfant Cupidon, ce petit drôle-là,
Toujours au sort des grands et des dieux se mêla.
Et le titan, l'archange immense, le génie,
Se meurt, si ce marmot ne lui tient compagnie.
Je veux qu'on m'aime ! Hélas ! l'apparence se vend.
Des âmes au marché, cela se voit souvent,
Mais la realité d'un cœur, ce diadème,
Ce sommet, cet olympe, être aimé, non, pas même
Avec le don d'un astre, on ne l'achète pas !
Un instinct inquiet qui vous nomme tout bas,
Un soupir ignoré qui songe et qui vous adore,
Un front qui d'un reflet d'aube pour vous se dore.
C'est la gloire, et rien n'est comparable à l'effroi
De vivre sans un cœur pensif derrière soi.

Un roi qu'on hait envie un va-nu-pieds qu'on aime;
Se sentir dédaigné quand on se voit suprême
Est affreux; plus on est grand, glorieux, puissant.
Superbe, couronne de lauriers, plus on sent
Dans l'ombre autour de soi la glace inexorable,
Et le plus triomphant est le plus misérable.
Soyez Marie, soyez Darnley, n'importe qui,
Rizzio; ayez Christine, ayez Monaldeschi;
Soyez Pierre le Grand, épousez des servantes;
Ayez tout de l'amour, même les épouvantes,
Mais ayez l'amour. Dieu sans l'amour serait seul,
Et le ciel étoilé ne serait qu'un linceul.
Les ténèbres mettraient sur Dieu leurs plis sans nombre.
L'oubli, c'est du silence et la haine est de l'ombre.
Je veux, pour mon bonheur comme pour mon souci,
Retrouver dans un autre un moi-même adouci.
Homme, être le premier, femme, être la première
Pour quelqu'un, c'est tout. L'homme a besoin de lumière,
D'aurore, de clarté, de rayons; et n'avoir
Personne. pas une âme au monde en son pouvoir,
N'avoir, dans cette foule ou nul dieu n'est sans prêtres,
Pas un être parmi tant de millions d'êtres.
Que rien par votre aimant ne soit pris et séduit,
Que pas un cœur ne songe a vous, c'est de la nuit.
Hélas! est-il donc vrai qu'on puisse sur la terre
Être beaucoup de cœurs que le deuil solitaire
Dévore, et qui n'ont rien que l'ennui, ce vautour!
Pourquoi ne pas vouloir de nous, ô sombre amour?
Tout peut être accablant, mais Rien, c'est incurable.
Rien! Ah! le couple est saint, le nid est venérable
Le fond de la nature est un immense Hymen;
J'en veux ma part! Je veux une main dans ma main.

Sans l'amour ce n'était pas la peine de naître,
Et cela ne vous sert à rien d'être le maître,
L'empereur, le césar, l'homme unique et pensif.
Être aimé, c'est avoir l'œil clair et décisif.
Le front gai, l'esprit prompt, le cœur fort, l'âme haute.
Autrement, si les cœurs, sans que ce soit ma faute.
Me sont fermés, tout est ingrat, rien n'est vermeil;
Si l'on ne m'aime pas, qu'importe le soleil
Avec sa grande flamme inutile? Qu'importe
Le frais avril ouvrant aux papillons sa porte.
Le doux mai dont j'ai droit de nier la chaleur,
Et qu'est-ce que cela me fait que l'arbre en fleur
Frissonne, et que le chant des oiseaux se confonde
Avec l'hymne du vent dans la forêt profonde !

15 mars 1874.

LA FORÊT MOUILLÉE

PERSONNAGES

DENARIUS.
OSCAR.
BALMINETTE.
MADAME ANTIOCHE.
LA FORÊT.

LA FORÊT MOUILLÉE

————

Une forêt après la pluie. Foule de fleurs et de plantes. Au premier plan, lilas, acacias et faux ébéniers en fleur. Un ruisseau. Un etang. Un âne attaché à un arbre Flaques d'eau dans l'herbe. Un rayon de soleil dans les feuilles. On voit écrit sur un poteau IL Y A ICI DES PIEGES A LOUP.

————

SCÈNE PREMIÈRE

Il tombe encore quelques gouttes de pluie

ENTRE DENARIUS, rêvant

DENARIUS.

Je n'ai jamais aimé de femme. C'est ma force.
Bois. je ne grave point de nom sur votre écorce.

Il fait quelques pas dans la forêt.

Je sens que je deviens loup. Ce progrès me plaît.
C'est bien. Quand il contient un loup, l'homme est complet
— Il pleut encore un peu.

Regardant autour de lui.

　　　　　Le ciel qu'un souffle essuie
A vidé dans les champs tout l'écrin de la pluie.
L'orage. avec l'essaim des nuages pourprés.
S'enfuit et laisse pleins d'émeraudes les prés ;
La luzerne. fouillis où méditent les lièvres.
Montre plus de joyaux que le quai des Orfèvres ;
La mûre sur la ronce est un rubis vermeil ;
Les brins de folle avoine, agités au soleil,
Deviennent, sous le vent qui passe par bouffées.
Grappes de diamants pour l'oreille des fees.
C'est beau. — Mais que la vie est triste ! — O vert séjour
Bois, c'est dit, je m'envole, et je casse l'amour.
Fil que la femme attache à la patte de l'âme.
Je mets mon avenir en liberté. Je blâme
Le bon Dieu d'avoir fait l'homme de deux morceaux
Dont l'un est une femme.

Écoutant.

　　　　　Ah ! j'entends les oiseaux,
La pluie a cessé. — Dieu ! que la vie est morose !
Où trouver l'idéal ? O vide du cœur !

UN PAPILLON, a une violette.

　　　　　Rose !

LA VIOLETTE.

Flatteur!

LE PAPILLON.

Un baiser.

LA VIOLETTE.

Prends.

LE PAPILLON, au lys.

Je t'aime. ô lys!

LE LYS.

Coureur!

LE PAPILLON.

Un baiser.

LE LYS.

Prends.

DENARIUS.

L'amour est une vieille erreur;
Le cœur est un viscère. Aimer! sotte aventure.
L'homme est fait pour rêver au fond de la nature;
Contempler l'infini dans les cieux transparents.
Voila le destin de l'homme.

22.

LE PAPILLON, a un liseron.

Un baiser.

LE LISERON.

Prends.

SCÈNE DEUXIÈME

La pluie a tout a fait cesse. Soleil partout. Toutes sortes d'elles.

UNE VOIX, dans l'air.

C'est le printemps qui vient. ce frere de l'aurore;
C'est la saison qui rit, sœur de l'heure qui dore;
C'est l'instant où verdit le sillon nourricier,
Où. sonore et gonflé des fontes du glacier,
L'Arveyron bleu s'accouple au flot jaune de l'Arve.
Où mai sort de l'hiver et le sphinx de sa larve;
Bonheur ! Soleil ! Les maux et les froids sont finis;
L'azur est dans le ciel. l'amour est dans les nids;
L'amour trouble les yeux de vierge des gazelles;
Oiseaux, mêlez vos chants; âmes, mêlez vos ailes;
Gloire à Dieu !

UN MOINEAU FRANC, sortant de dessous les feuilles
et secouant ses ailes.

Dehors, tous !

Au signal donne par le moineau, un mouvement extraordinaire agite
la forêt Il semble que tout s'eveille et se met a vivre Les choses
deviennent des êtres Les fleurs prennent des airs de femmes On
dirait que les esprits des plantes sortent la tête de dessous les feuilles
et se mettent a jaser Tout parle, tout murmure, tout chuchote Des
querelles ça et la. Toutes les tiges se penchent pele-mêle les unes

vers les autres Le vent va et vient Les oiseaux les papillons, les mouches vont et viennent Les vers de terre se dressent hors de leurs trous comme en proie a un rut mysterieux Les parfums et les rayons se baisent Le soleil fait dans les massifs d'arbres tous les verts possibles Pendant toute la scene, les mousses, les plantes, les oiseaux, les mouches se mêlent en groupes qui se decomposent et se recomposent sans cesse Dans des coins, des fleurs font leur toilette, les joyeuses s'ajustant des colliers de gouttes de rosee, les melancoliques faisant briller au soleil leur larme de pluie. L'eau de l'etang imite les fremissements d'une gaze d'argent Les nids font de petits cris Pour le voyant, c'est un immense tumulte; pour l'homme, c'est une paix immense

UN BOUTON D'OR, a une pâquerette.

> Vois, ma sœur du gazon,
Le soleil éclater de rire à l'horizon.

LE MOINEAU.

Beaux jours! Chacun s'en va vers sa terre promise,
Et part pour son éden. L'anglais fuit la Tamise,
Le turc cherche la Mecque, et le grec lorgne Spa.

UN HOCHEQUEUE.

Congé!

UNE ABEILLE.

> La clef des champs!

UN MOUCHERON, apercevant une rose et se tournant
vers le soleil

> Baiserai-je, papa?

LE MOINEAU.

L'artificier Phœbus là-bas tire sa gerbe.

UN MYOSOTIS.

Un peu d'arc-en-ciel tremble au bout de tout brin d'herbe.

UNE BRANCHE D'ARBRE.

Ce bougon de nuage est parti. C'est charmant.
Jouons.

UNE CHOUETTE, du creux d'un saule

Arbres, fleurs, nids, profitez du moment.
Vivez, chantez ! jasez comme un club de portières !
Mais gare l'oiseleur ! Gare les bouquetières !
Gare le bûcheron !

LES FLEURS.

Tout ça, c'est des ragots.

LES OISEAUX.

Nous ne te croyons pas.

LA CHOUETTE.

Prenez garde.

LES BRANCHES D'ARBRE.

Fagots !

LE MOINEAU, chantant.

Comme j'allais entrer pour lorgner dans l'église
Cidalise,
Je me suis arrêté pour prendre le menton
A Goton.

LE HOCHEQUEUE.

Que chantes-tu là ?

LE MOINEAU.

J'ai cueilli cette morale
Du temps où, ne rêvant qu'églogue et pastorale,
Dans les bois de Meudon, j'avais pris pour palais
La barbe d'un vieil antre, ami de Rabelais.

Aux oiseaux.

Hé ! venez voir, pinsons, verdiers, les geais, les merles !
La toile d'araignée est un sac plein de perles.

UN NÉNUPHAR, se penchant

Charmant!

L'ARAIGNÉE.

J'aimerais mieux des mouches.

LES OISEAUX.

Nous aussi.

UNE ORTIE.

L'oiseau vaut le chat.

LES GOUTTES DE PLUIE, tombant de feuille en feuille.

Ut-Ré-Mi-Fa-Sol-La-Si-

Ut.

LE MOINEAU.

Ça, jouons.

LE HOCHEQUEUE.

Faisons un horrible vacarme.

DENARIUS, en contemplation.

Frais silence!

UNE GOUTTE D'EAU, en tombant

J'étais diamant, je suis larme.
Femmes. ne tombez pas.

LE MOINEAU.

La femme. ô goutte d'eau,
Ne tombe pas! Va voir à Mabille, au Prado,
Partout où l'amour mène à grands guides son coche,
Au Wauxhall. L'homme tombe, et la femme...

LA SURFACE DE L'ÉTANG.

Ricoche.

LA LAVANDE.

La taille de la guêpe est charmante.

L'ORTIE.

Corset.

LA GUÊPE.

Cette lavande en fleur sent bon.

LA RONCE.

Water-closet.

LES PAPILLONS.

Jouons !

LES OISEAUX.

Courons !

LE MOINEAU.

Pillons ! L'ordre c'est le délire.

Entre un paon

LE PAON.

Quel tumulte de chants et de cris ! Bruit de lyre
Mêlé de grincements. Sous ces acacias
On croirait qu'Apollon écorche Marsyas.

LE MOINEAU.

A sac les fleurs ! Drinn ! Drinn !

LE PAON.

Toi qui fais ce tapage,
Qu'es-tu ?

LE MOINEAU.

Je suis gamin ; autrefois j'étais page.
Je m'ébats, cher seigneur. Si je n'étais voyou,

Je voudrais être rose et dire : *I love you.*
Je suis l'oiseau gaîté, rapin de l'astre joie.
A nous deux nous faisons le printemps. L'aigle et l'oie
Sont nos deux ennemis, l'un en haut, l'autre en bas.
Vous êtes entre eux deux. Bonsoir.

Il se jette au milieu du tumulte

Hé !

Les oiseaux l'accueillent avec de grands cris de joie. Les fleurs
et les feuilles s'effarent. Il se tourne vers le paon qui se pavane

Je m'ébats.

Entre un essaim de frelons

LES FRELONS, chantant.

A bas Socrate, Épicure,
Shakspeare, Gluck, Raphael !
A bas l'astre ! à bas le ciel !
Vivent la bave et le fiel,
       L'ombre obscure,
       La piqûre
       Sans le miel !

LE MOINEAU.

A bas les noirs frelons avec leurs voix d'eunuques !

Les oiseaux poursuivent et chassent les frelons avec de grands cris

LES VIEUX ARBRES, aux moineaux

Vous faites trop de bruit ! Paix donc !

LE MOINEAU, aux arbres.

Salut, perruques !

LE HOCHEQUEUE.

Académiciens, fichez-nous donc la paix.
Je sais, vous êtes sourds et vous êtes épais,

Soit. Contentez-vous-en. Foin de vos vieux branchages
Ou l'antique Zéphyr redit ses rabâchages !

UN PIQUEBOIS.

A bas, vieux grognons !

LE MOINEAU, regardant autour de lui

Mais, palsembleu ! c'est la cour
Que ce bois ! C'est Versaille et l'Œil-de-bœuf...

A une touffe de bruyère

Bonjour,
La Bruyère.

A une branche d'arbre

Bonjour, Rameau.

A une corneille sur le rocher.

Bonjour, Corneille.

Au nénuphar.

Bonjour, Boileau.

A un papillon qui tourne autour d'une rose épanouie

L'enfant, laisse la cette vieille,
Elle est d'hier matin.

Le papillon s'en va.

LA ROSE.

Que cet âge est grossier !

LES FLEURS, a un limaçon qui passe.

Fi ! le vilain !

LE LIMAÇON.

Tout beau ! je suis un financier,
Je laisse de l'argent derrière moi, les belles.

PLANTES ET FLEURS, en foule, se penchant vers le papillon blanc

Viens! viens! beau papillon!

LE PAPILLON.

Vos noms, mesdemoiselles?

LE SOUCI.

Mariage.

L'ORTIE.

Vertu.

LA ROMAINE.

Porcia.

LE LIERRE.

Bon Accord.

LA SALSEPAREILLE.

Mon nom est force, amour. santé.

L'ORTIE.

Signé Ricord.

UN ROSIER EN FLEUR, au papillon

Viens chez moi. Mes boutons sont des cachettes d'âmes.

Le papillon se précipite dans le rosier et y disparaît

LE MOINEAU.

Le tonnerre devrait faire des mélodrames.
A-t-il fait tout a l'heure assez de bruit pour rien!

Au hochequeue

Regarde. Le bois chante un hymne aérien.
Parmi les Cupidons, marmaille vive et leste,

Bambins ailés, Venus, bonne d'enfants céleste,
Sourit dans l'ombre a Mars, le divin tourlourou.

UN NUAGE.

Le bonheur. c'est le ciel!

UN RAMIER.

C'est le nid!

LA CHOUETTE.

C'est un trou.

LA RONCE, chantant.

Les moutons, promis aux fourchettes,
Passent là-bas, j'entends leurs voix.
    Sonnez, clochettes,
    Au fond des bois.

Le beau Narcisse est en manchettes;
Silène a mis toutes ses croix.
    Sonnez, clochettes,
    Au fond des bois.

Les Jeannots avec les Fanchettes
Vont folâtrer en tapinois.
    Sonnez, clochettes,
    Au fond des bois.

Les faunes, hors de leurs cachettes,
Avancent leur profil sournois.
    Sonnez, clochettes,
    Au fond des bois.

DENARIUS.

O nature farouche. âpre, chaste. superbe,
Je vis en toi! J'ecoute avec amour ton verbe!

UNE GIROFLÉE.

Tiens. tiens! Je n'avais pas encor vu ce grimaud.
Quels ongles noirs!

DENARIUS.

Tout est énigme et tout est mot.
Oh! je sens la forêt pleine de la chimère!
La création, c'est une sombre grammaire.
L'invisible, au réel mêlé. change un rayon
En regard, et la fleur et l'arbre en vision.
Les hommes sont en proie aux choses. Le mystere
Leur parle, même après le rire de Voltaire.
S'ils n'ont plus Zoroastre, ils ont Cagliostro.

UNE GRUE, au vent qui lui ebouriffe les plumes

Du respect! je suis femme!

Elle donne des coups de bec et des coups de patte
de tous les côtes avec colere

LE HOCHEQUEUE.

Unguibus.

LE MOINEAU.

Et rostro.

LES ARBRES.

Paix!

DENARIUS, contemplant

Le mot de l'énigme est sépulcre.

UN CONCOMBRE.

Vinaigre.

LE PAPILLON, sortant du rosier

Oh ! les fleurs !

UNE SAUTERELLE.

J'aime mieux les herbes.

LES FLEURS.

Grande maigre,

Va te faire engager à l'Opéra.

Elles se penchent furieuses pour chasser la sauterelle

LE MOINEAU.

Satan !

Quel hourvari !

LES FLEURS.

Va-t'en, puce des blés ?

LA ROSE.

Va-t'en !

UN PIED-D'ALOUETTE.

Prends garde à toi ! La fleur peut s'envoler.

UNE GUEULE-DE-LOUP.

Et mordre.

LES ARBRES.

Paix-là !

L'âne broute le pied-d'alouette, la sauterelle et la gueule-de-loup.

LE MOINEAU.

Hé ! que fais-tu, toi ?

23.

L'ANE.

Je rétablis l'ordre.

LE MOINEAU.

C'est un peut fort, monsieur de Montmorency.

SCÈNE TROISIÈME

DENARIUS, rêvant.

Champs
Que l'orgue de l'azur emplit de ses plains-chants,
Cieux ou le jardinier éternel se promène
Versant les fleurs. la vie et la joie à la plaine
Des cribles du nuage, opulent arrosoir,
Vénus, astre. esprit. flamme, œil du cyclope soir.
O nature, c'est vous, c'est moi ! Je vous adore.
Votre aile couve l'âme et je me sens éclore. —
Tout se donne pour rien ici, tout est gratis,
Et les petits sont grands, et les grands sont petits,
Et la creation s'offre à la créature.
Ces grands arbres, seigneurs de toute la nature,
A qui Dieu pour valets donne les mois changeants,
Ne prêtent point sur gage et sont d'honnêtes gens
Champs ! on peut être pauvre et bien avec l'aurore.
Bois, vous nous prodiguez votre souffle sonore,
Tu nous donnes, soleil, ton rayon éclatant,
Et vous ne dites pas au pauvre homme : C'est tant

On boit quand on a soif; on n'entend pas la source
Vous murmurer : Combien as-tu? Voyons ta bourse.
Salut, honnête bois. Vous n'êtes pas. ô loups,
Des hommes; les halliers ne sont point des filous.
Vent, sève, azur, salut! Vous n'êtes pas, nuées.
Des coureuses de nuit et des prostituées.
— Tout chante un opéra mystérieux ici.
De partout, du rocher, des fleurs, du tronc noirci.
De ce qui se contemple et de ce qui se cueille,
Des prés, des gouttes d'eau tombant de feuille en feuille,
Des branches saluant quelqu'un dans l'infini,
De la mouche, du vent, du nid calme et béni,
Une oreille invisible entend sortir des gammes.
L'herbe sent tressaillir les monstres cryptogames.
L'informe champignon chante un chant inconnu.
Tout est doux dans cette ombre. et tout est ingénu.
La femme y manque, bien qu'on y trouve la ronce.
L'antre pensif. pareil au sourcil qui se fronce,
Est un sage; l'oiseau nous salue en buvant ;
Les arbres pleins de pluie ont l'air d'aider le vent
Et semblent essuyer le ciel avec leur cime.
Oh! je veux m'engloutir dans ce paisible abîme !

Rêvant.

— Les arbres, dans leurs troncs et sous leur orteil noir,
Ont des trous pleins de mousse et d'herbe, et l'on croit voir
De petits dieux blottis dans tous ces petits antres.
Des cupidons frisés montrent partout leurs ventres.

S'enfonçant dans sa rêverie.

— Pourquoi pas? Je serais un homme primitif.
Ma grotte sombre aurait l'azur pour pendentif.

J'aurais une cahute en branchages couverte,
Et je savourerais, seul dans ma stalle verte,
Force partitions que m'exécuterait
Le vent musicien dans l'orchestre forêt.
Tapi dans l'ombre où l'hymne universel commence,
Je battrais la mesure à la nature immense.
A l'heure où, réveillant le pâtre et le faucheur,
L'aube sacrée emplit l'horizon de blancheur
Et des trous du taillis fait de claires fenêtres,
Marcher, vivre ! Être là quand chuchotent les êtres,
Les oiseaux, ces enfants, le chêne. cet aïeul !
Écouter, dans le jonc, l'épine et le glaïeul,
Les déesses jaser au fond des grottes noires,
Et rire et se jeter de l'eau dans leurs baignoires !
Être de ceux à qui les nymphes se font voir !
Ciel ! rêver quand l'étang offre aux nuits son miroir,
Quand le vent vient peigner les cheveux verts du saule,
Et voir sortir de l'eau quelque ineffable épaule !
Contempler dans la source, à l'ombre des buissons.
De vagues nudités flottant sous les cressons !
Vivre dans les frissons et dans les dithyrambes !
Voir la naïade aux yeux d'astre laver ses jambes !
— Je suis fou. Mon esprit patauge en plein Chompré.
Non, restons dans le vrai, dans l'herbe, dans le pré.
C'est assez d'être un loup, ne soyons pas un faune.
Appeler un lys Flore et voir Pan dans un aulne,
Croire entendre quelqu'un quand on parle à l'écho,
Empoisonner de dieux les champs, c'est rococo.
Le vrai suffit. Soyons un simple philosophe.
Quand Cybèle disait à l'homme enfant : Dodophe,
Lorsque l'humanité tétait son pouce; bon !
La fable avait son prix. Mais l'homme est un barbon,

Diable! à présent, l'esprit humain porte perruque,
Et notre raison branle un tête caduque.
Croire aux nymphes est bête. Il faut être réel.

Rêvant

— Vivre comme l'ours, grave et seul, avec le ciel,
A la bonne heure! Au diable Anna, Toinon, Lisette,
Madame la marquise et mam'zell' la grisette,
La femme en bloc! les yeux noyes, les yeux fripons!
Ouragan, ouragan, emporte les jupons!
Délivre-nous! — Je hais la femme en théorie.
Sa fidélité fait rire ma rêverie.
Son cœur compte dix, vingt, trente, cent; jamais un.
Elle achète au coiffeur pour deux sous de parfum.
Elle est blanche? un accès de colère : elle est bleue.
Dans ses cheveux se tord le serpent fausse queue.
L'eté vient; triste fleur, le soleil l'enlaidit,
Les taches de rousseur la rouillent. Elle dit :
Je sue. Elle est trop grasse ou trop maigre. Cet ange
Crotte ses bas. C'est faux, c'est perfide. Ça mange.
La portiere le soir lui glisse des billets.
O seules belles, fleurs, seules vierges! œillets,
Pervenches, lys, muguets, jonquilles, pâquerettes,
Dont le seul papillon touche les collerettes,
Dieux purs qui vous ouvrez dans l'ombre au bleu matin,
Douces fleurs, je ne veux aimer que vous.

CHŒUR DES FLEURS.

Crétin!

UNE PIERRE.

Fossile!

L'ANE.

Ane !

UNE GRENOUILLE.

Crapaud !

LES FLEURS.

Porte ailleurs tes semelles !

DENARIUS.

Soyez mes femmes, fleurs.

LES FLEURS.

Ciel ! être les femelles
D'un tel mâle !

DENARIUS.

Je veux baigner mon front en feu
Dans vos seins ! me rouler dans vos lits !

LA VIOLETTE.

Sacrebleu !

DENARIUS.

Fleurs !

LA PERVENCHE.

Qui nous a flanqué cette brute splendide ?

LA MANDRAGORE.

C'est Bobèche effaré qui croit être Candide.

DENARIUS.

Je vous aime ! Soyez mon serail, liserons !

LES LISERONS.

Viens-y !

L'ORTIE.

Viens t'y frotter !

LES AUBÉPINES.

Nous te caresserons
Le visage, le front, le nez !...

LA GIROFLÉE.

J'aurai cinq feuilles.

DENARIUS.

Forêt, caverne d'ombre et de paix qui m'accueilles,
Merci ! — Le désert seul résiste à l'examen.
Paris est fou ; la femme est le revers humain ;
La femme de la vie est le mauvais visage ;
Penseur, sois veuf ; voilà ta vie, ô sage !

L'ÉCHO.

Osage !

DENARIUS, à la forêt

J'ai découvert ceci, bois, dans ta profondeur :
La fleur est la beauté, la femme est la laideur.

MURMURE DES ARBRES.

Amour ! amour ! amour !

DENARIUS, apercevant une rose.

O rose diaphane,
Si chaste qu'on dirait que le regard te fane,
Dieu prit, pour composer ton souffle gracieux,

Toute la pureté qui flotte dans les cieux.
Puisque tu brilles, fleur, l'etoile est superflue.
Je t'aime !

LA ROSE.

Il faut aimer une fille joufflue,
Mon cher.

DENARIUS, avançant la main vers la rose

Sois à moi. — Viens !

LA ROSE.

Ne me tutoyez pas.

Elle lui pique les doigts.

LES AUTRES FLEURS.

Elle a bien répondu, la duchesse !

DENARIUS, égouttant le sang de son doigt

Aie !

Il s'éloigne et retombe dans son extase

Appas

Du désert !

. . . .
. . . .

Dites, fleurs, champs, sentiers non foulés,
Que faut-il faire, oiseaux, pour être heureux? Parlez,
Arbres qui caressez le penseur quand il entre.

LE LIERRE.

Prends patience.

UNE HIRONDELLL.

Prends la poste.

UNE CITROUILLE.

Prends du ventre.

DENARIUS.

Ou trouver la figure idéale du cœur?
L'homme va, poursuivi par un rire moqueur.
L'ombre, derrière nous, rit.

VOIX DANS L'AIR.

Lumière et pensée!
O ciel époux, reçois la terre fiancée.
Êtres, l'amour est flamme et l'amour est rayon;
Il tend d'en haut la levre à la création,
Et la nature pose, en entr'ouvrant son aile,
L'universel baiser sur la bouche éternelle!

LES ARBRES.

Amour! amour! amour!

DENARIUS.

De moment en moment
La paix me gagne; ô joie! anéantissement!
Pour la vie! être seul dans les bois, c'est le rêve,
C'est tout! le paradis, c'est la solitude.

UNE POMME, lui tombant sur la tête.

Ève.

Entrent Balminette et madame Antioche. Au fond, dans le taillis, Oscar qu'on ne voit pas.

SCÈNE QUATRIÈME

DENARIUS, BALMINETTE, MADAME ANTIOCHE.
OSCAR, au fond LA FORÊT.

BALMINETTE.

Oscar est jaloux comme...

MADAME ANTIOCHE.

Ah! j'en ai plein le né,
D'Oscar. — Beau temps! Le ciel est rebadigeonné.
C'est comme a l'Opéra dans les apothéoses.

BALMINETTE.

J'ai joliment dîné. J'ai mangé de huit choses.

OSCAR au fond, criant

Par ici.

BALMINETTE.

C'est joli. Regarde donc, l'étang.
Est comme une croisee.

Apercevant Denarius.

Oh! quel orang-outang!

DENARIUS.

J'ai peur d'avoir trouvé cette femme jolie.

MADAME ANTIOCHE.

Mes souliers trop étroits font ma mélancolie ;
J'ai trop marché, j'ai mal a mon cor, Balmina.

UN CAILLOU DU SENTIER.

Le pied qu'on veut avoir gâte celui qu'on a.

Denarius contemple Balminette.

DENARIUS.

Cette femme a dans l'œil la céleste étincelle.
C'est Diane, ou Psyché !

LE MOINEAU.

    Ça, c'est mademoiselle
Balminette, lingère en chambre, rue aux Ours,
Numéro trois.

BALMINETTE.

    Oscar, attends-nous !

Elle fredonne.

    Nos amours

Ont duré...

OSCAR, au fond

    Par ici ! viens !

BALMINETTE, fredonnant.

    Toute une semaine...

. DENARIUS.

Si ce n'est pas Psyché, c'est au moins Célimène.

LE MOINEAU.

Balminette, animal !

L'ORTIE.

Et l'autre domino
C'est madame Antioche, actrice à Bobino.

DENARIUS.

Oui, c'est Agnès. Ses yeux sont tout bleus d'ignorance.

BALMINETTE, a madame Antioche.

Des vieux que nous servons connais la différence.
Le tien donne un chapeau, le mien donne un coupé.
Je vais avoir salon, cocher et canapé.
J'entre chez moi demain.

DENARIUS.

Ce sont deux tourterelles,
Deux fleurs, deux lys ! La blonde est divine.

L'ORTIE, aux fleurs.

Ces belles,
Nos sœurs, ont pris racine et puisent leur gaîté,
Leurs châles, leurs rubans et leurs robes d'ete,
L'une dans un banquier, et l'autre dans un juge

LA RONCE.

Tout coffre-fort recèle un ange qui le gruge.

LE MOINEAU.

La nature dédie aux roses le fumier.

BALMINETTE.

Donc, foin de la mansarde et je vole au premier.

MADAME ANTIOCHE.

Tu lâches Oscar?

BALMINETTE.

Mais!

MADAME ANTIOCHE.

Oscar en mourra.

BALMINETTE.

Brute!
— Sais-tu que c'est gentil, ce bois-ci! — L'herbe jute,
Par exemple! — On pourrait cueillir sous ce rocher
Une salade.

MADAME ANTIOCHE.

J'ai de la peine à marcher.

Apercevant l'âne.

Si l'ânier était là, je me paierais bien l'âne.

L'ANE.

A l'heure. — Comme toi, Javotte!

MADAME ANTIOCHE, appelant.

Oscar!

BALMINETTE.

Il flâne.

Laisse-le.

MADAME ANTIOCHE.

Balmina, vraiment, c'est un Mahieu
Que ton banquier.

BALMINETTE.

Divan, six fauteuils, damas bleu.
Un salon Louis quinze, un boudoir renaissance.
Moi, je suis bonne et j'ai de la reconnaissance.

L'ORTIE.

Au mont-de-piété.

BALMINETTE.

Ce vieux m'aime.

MADAME ANTIOCHE.

Un Mahieu !

BALMINETTE.

Le plafond de ma chambre est peint en camaïeu,
Genre ancien.

MADAME ANTIOCHE.

Mais Oscar...

BALMINETTE.

Oscar est jaloux comme...
Et puis il est menteur, fourbe, ingrat, économe.
C'est un serin.

MADAME ANTIOCHE, secouant sa robe.

Vraiment, la pluie a tout trempé.

BALMINETTE.

Oscar, c'est l'omnibus ; Mahieu, c'est un coupé.
Je prefere Mahieu.

DENARIUS, les observant toujours sans être vu
et de derrière un arbre

Je sens s'ouvrir mon âme
Devant ce chapeau rose aux yeux bleus.

LE MOINEAU.

Jusquiame,
Quel est le vrai poison qui rend fou ?

LA JUSQUIAME.

Le regard.

LE MOINEAU.

L'amour pince déja ce bélitre hagard.
Achevons-le. Donnons ce cuistre a Balminette.

LE CAILLOU, du sentier

Elle a le pied petit et la jambe bien faite.

LE MYOSOTIS, à un ruisseau

C'est dit. Incendions ce grand dadais transi.

LE RUISSEAU, à Balminette qui est au bord
et qui cherche à le traverser

Allons ! relève donc ta jupe.

OSCAR, au fond

Par ici !

BALMINETTE, traversant le ruisseau

Je disais donc qu'Oscar est jaloux comme un tigre.

LE RUISSEAU.

Mais retrousse-toi donc, Margot !

BALMINETTE.

Bigre de bigre !
Je me mouille les pieds. Nous sommes embourbés.
Mes brodequins tout neufs de dix francs sont flambés !

MADAME ANTIOCHE, apercevant Denarius.

Prends garde, Balminette, on voit ta jarretière !

BALMINETTE.

Qu'est-ce que ça me fait ?

Elles s'en vont

DENARIUS.

C'est Vénus tout entière ..

LE MOINEAU.

Non pas. Jusqu'au genou.

DENARIUS.

Je ne sais ce que j'ai.
Je suis fou. Cette femme en passant m'a changé.
Oui, c'est l'idéal, c'est la figure rêvée !
Oh ! cette robe blanche un instant soulevée !
L'éclair du paradis ! Tout mon corps a frémi !
C'est dit, je m'y ferai mener par quelque ami.
Par qui ? Je ne sais pas son nom, je n'ai personne.
Mon pouls est dans ma tempe une cloche qui sonne.
La femme est tout ! Je suis pris, brûlé. dévoré.
Oh ! je la reverrai, je la suivrai, j'irai,

Je mettrai sous ses pieds mes rêves, mes idées,
Tout ! Fallût-il franchir des murs de vingt coudées,
Payer Vidocq, braver monsieur Oscar, l'enfer,
La mort, et dans mes poings tordre des gonds de fer,
Oui, j'irai !

L'ORTIE.

Tu n'auras qu'à soulever le pène.

DENARIUS.

J'aime !

LE MOINEAU.

Enfin ! c'est heureux ! nous eûmes de la peine !

LE CAILLOU, au ruisseau.

Sans nous, si nous n'avions fait retrousser Goton,
Ce Jocrisse risquait de devenir Platon.

Mai 1854

NOTES

NOTE I

Un projet de préface pour le *Théâtre en liberté* commençait ainsi

Des courtes pièces qu'on va lire, deux peut-être, *la Grand'Mere* et *Margarita**, pourraient être représentées sur nos scènes telles qu'elles existent. Les autres sont jouables seulement à ce théàtre idéal que tout homme a dans l'esprit.

* *Margarita* fait partie du Livre dramatique des *Quatre Venls de l'Esprit.*

NOTE II

L'ÉPÉE

Le manuscrit de *l'Epee* porte en haut de la première page cette date : 21 *janvier* 1869 ; et au bas de la dernière, 24 *février* 1869.

A l'un des angles de cette dernière page, on lit cette mention :

Je note ce détail, pur hasard du reste. J'ai commencé ceci le 21 janvier et je l'ai fini le 24 février.

V. H.

MANGERONT-ILS ?

A la suite du manuscrit de *Mangeront-ils?* se trouvent les deux importantes variantes du denouement, que voici.

PREMIERE VARIANTE

—

AIROLO, a part

. . . .

Mon roi devient mon groom. Je lui plais. Il frissonne
De tendresse devant mon exquise personne.
Il m'aime. Homme de goût! Soyons prudent pourtant.
Ce serait le moyen de le rendre à l'instant
Intraitable et féroce autant qu'il paraît souple,
Si je lui demandais la grâce de ce couple.

Designant le caveau.

Les réconcilier est impossible.

Revant

Aussi
Je ne vois qu'une chose à faire. Arrivons-y.

LE ROI, allant a son fauteuil

A table !

Le roi s'issied

AIROLO, à part.

On est ici comme en une tenaille.

Jetant les yeux sur les assistants, archers, courtisans, etc

Comment eparpiller toute cette canaille ?
Il faut un coup hardi.

LE ROI, lui montrant le tabouret

Prends place à mes côtés.

Je t'invite.

AIROLO, à part.

Pardon. Moi, j'ai mes invités.

Haut et solennellement.

Citoyens, vous soldats, chers assassins, silence !
Je parle au nom du roi, je lui fais violence
En répandant le jour, du haut de ce buffet,
Sur le tas d'actions admirables qu'il fait.
Aujourd'hui la vertu qu'il montre est toute neuve,
La bonté. Notre roi, certes, j'en suis la preuve,
Gardait à ses sujets cette surprise. Il veut
L'amnistie. Ainsi fait le soleil, quand il pleut.
Il me pardonne. Il veut que sa clémence éclate...

LE ROI.

Je pardonne aux coquins seulement.

AIROLO.

Ça me flatte.

LE ROI.

A toi seul. A personne après.

AIROLO.

De la bonté

Pour un. Quoi de plus beau ! Peuple, sa majesté
M'a donc sauvé ; mais moi je suis ingrat...

LE ROI.

Bah !

AIROI O.

Triste,

Las, maussade, et de plus fort spiritualiste,
Ça dérange mes plans de remordre au pain noir
De la vie, et je veux souper chez Dieu ce soir.
Merci, roi, je m'en vais là-haut.

De deux coups de poing i droite et a gauche, il ec n te l'entourage, bondit par-dessus le parapet d'enceinte, et disparait dans la forêt Ebahissement.

SCÈNE QUATRIEME

LES MÊMES, moins Anolo

LE ROI, se levant de son fauteuil

Qu'est-ce ? Il me quitte !
Au moment de se mettre à table ! — Est-ce un fou ? — Vite !

Aux archers et aux courtisans

Qu'on le reprenne.

Tous se dispersent et se mettent a poursuivre Anolo

MESS TITYRUS, regardant au fond

Il fuit. Il gagne les fourrés.

LE ROI, aux archers restes auprès de lui.

Il faut le ressaisir à tout prix. — Tous ! courez !

LE CAPITAINE ARCHER.

Si l'on tirait dessus, sire ? Un coup d'arquebuse
Peut seul courir après un pareil fuyard.

LE ROI.

Buse !
Tu veux tuer ton roi !

MESS TITYRUS, regardant dans le bois

Ravins, étangs, roseaux,
Il franchit tout, il fait concurrence aux oiseaux,
L'écureuil près de lui serait une tortue.

LE ROI, a tous ceux qui l'environnent.

Courez ! organisez sur l'heure une battue !

MESS TITYRUS, a part.

Qu'il se perde, et s'en aille au diable ! Maintenant
J'aime autant cela. Bigre ! il devenait gênant.

Au roi.

Il saute d'arbre en arbre.

LE ROI.

Ah ! ciel !

MESS TITYRUS.

Il est agile,
Souple, hardi, robuste, adroit, leste...

LE ROI.

Et fragile !

Il va au fond du théâtre, et donne des ordres avec des gestes effarés
a des gens qu'on ne voit plus. Il n'est resté sur la scène que lui et
Mess Tityrus.

Courez ! — Ramenez-moi cette crapule ! Hélas !
Soyez très doux pour lui ! Pourvu qu'il n'aille pas
Prendre une pleurésie à courir de la sorte !
Ah ! je suis dans sa peau sans espoir que j'en sorte !
Ménagez-le ! — Gredin !

MESS TITYRUS.

Quel galop ! Quel compas !

LE ROI, criant.

Qu'on l'empoigne ! Surtout qu'on ne le touche pas !

MESS TITYRUS, à part.

Empoigner sans toucher, beau problème à resoudre.

LE ROI.

Ah ! je suis ahuri de tous ces coups de foudre.

Criant dans la forêt.

Quiconque lui ferait du mal serait pendu.
Allez-y doucement ! Horrible individu !
Il doit suer ! Ayez des couvertures prêtes.
Vous me répondez tous du brigand sur vos têtes !
C'est le plus précieux des hommes après moi.

MESS TITYRUS.

Il vole, il rampe. Il tient tout le bois en émoi.
Je serai fort surpris si nos gens le dépistent.

LE ROI, à Mess Tityrus.

N'est-il pas effrayant que de tels gueux existent?
Il faut absolument qu'il soit repris, gardé,
Et que je le possède, étant son possédé !

C'est dans ma destinée un tigre, une comète,
Un dragon!

Aux archers dans la forêt

      Reprenez ce coquin! Qu'on le mette
Dans du coton! Soyez très peu brutaux!

VOIX DES ARCHERS, dehors.

                Poussons!

LE ROI.

Il doit être éreinté Je me sens des frissons.
Ah! j'abdique. L'état de roi n'est plus tenable.
Ne m'avariez pas cet être abominable!
Quelle calamité publique s'il se perd!

MESS TITYRUS.

Sire, en évasion le maroufle est expert.

LE ROI.

D'abord je te défends de l'appeler maroufle!
C'est mon alter ego. Quand il court, je m'essouffle.
Je suis éclaboussé par le mal qu'on en dit
Tout comme par le mal qu'on lui fait. Quel bandit!
J'ai là, certe, un jumeau désagréable! Ah! fourbe!

Criant dans la forêt

Pas une égratignure à sa peau, vile tourbe!

MESS TITYRUS.

Il échappe. Nos gens se concertent entre eux.

LE ROI, regardant.

Il a tous les talents des bêtes, c'est affreux.
Il est poisson, il plonge. Il est ramier, il perche.

Criant.

Prenez-le!

LE CAPITAINE ARCHER, survenant

Sire, il a disparu.

MESS TITYRUS.

Qu'on le cherche !

LE ROI.

Qu'on le trouve ! — Ah! quel drôle ! un monstre, en vérité !
Que vais-je devenir ainsi decompleté ?

LE CAPITAINE ARCHER.

Il nous glisse des mains ainsi qu'une couleuvre.

LE ROI, a Mess Tityrus.

Eh bien, mettons-nous-y nous-mêmes. Tous à l'œuvre !

LE CAPITAINE ARCHER.

Il est insaisissable. Il a pour se cacher
Cent réduits. Il connaît tous les trous de rocher.

LE ROI.

Dire que ce félon faisait le bon apôtre !

A Mess Tityrus.

Traquons-le. Prends le bois d'un côté, moi de l'autre.
Va par ici, je vais par là.

Ils sortent L'un par la droite, l'autre par la gauche Le capitaine archer
suit le roi

Depuis quelques instants, au bruit qui se fait et aux cris que l'on pousse,
lady Janet s'est reveillee Elle a ecarte les branches du caveau, au
fond duquel est couche pres d'elle lord Slada encore endormi Elle
est a demi sur son seant, et ecoute Elle a encore dans le regard
l'etonnement du sommeil

Au moment ou sortent le roi et Mess Tityrus, elle pousse doucement
lord Slada

SCÈNE CINQUIÈME

LADY JANET, LORD SLADA.

LADY JANET, a lord Slada

N'entends-tu point?...

Lord Slada ouvre les yeux et s'étire

LORD SLADA.

Je rêvais. Je m'éveille. Et mon rêve rejoint
Ta beauté, comme, au fond du ciel qui se dévoile,
Un doux nuage errant vient rejoindre une étoile.
J'apercevais en songe un firmament de feu.
Je reviens près de toi, je n'étais qu'avec Dieu.
Chaque fois que je vois ton front, c'est une aurore
Qu'il me semble, ô Janet, n'avoir pas vue encore,
Et les plus noirs cachots dans les plus noirs donjons
Seraient illuminés par tes yeux ..

En se retournant pour contempler lady Janet, il aperçoit au milieu
de l'enceinte la table servie, et se dresse comme en sursaut

— Ah ! mangeons !

Janet se retourne. Moment d'éblouissement.

LADY JANET.

Une table !

Elle recule.

J'ai peur.

LORD SLADA, s'avançant.

J'ai soif.

Il prend une bouteille et emplit de vin un verre.

LADY JANET.

Du vin peut-être

Empoisonné.

LORD SLADA.

J'en bois.

Il boit

Ah ! je me sens renaître !

LADY JANET, lui tendant un verre.

Verse.

Lord Slada lui emplit son verre Elle boit

LORD SLADA.

Eh bien ?

LADY JANET.

Je me sens revivre.

LORD SLADA, lui montrant le fauteuil.

Mets-toi là.

Elle s'assied. Il s'assied pres d'elle sur le tabouret, prend un couteau, et decoupe une poularde , il pose une assiette devant lady Janet.

Une aile ?

LADY JANET.

Oui.

Elle mange Il mange

Mais qui donc a servi ce gala ?

LORD SLADA.

Cela m'est bien égal. — Évidemment les fees.

LADY JANET, buvant

Tu crois cela ?

LORD SLADA.

Je crois aux volailles truffées.

Il mange et boit

Oui, c'est la fée Urgèle ! — ou bien je ne sais qui.

Il deguste un flacon.

Je ne la savais pas connaisseuse en whisky.
Mais quel festin !

Il entame un pâté Il lui verse a boire Il lui change son assiette.
Tous deux mangent et boivent

Faisans, pâtés, vins !

LADY JANET.

C'est étrange,

Nous avions faim.

Elle devore

LORD SLADA, la fourchette dans une main, le verre dans l'autre

Manger c'est oublier d'être ange,
Mais cet oubli du ciel a bien son bon côté.
Le paradis à droite, à ma gauche un pâté,
Je pencherais à gauche.

Il boit, s'essuie la bouche a la nappe, et prend la taille de lady Janet,
qui s'effarouche doucement

Un kiss !

Il la presse

Donne, ma biche...

LADY JANET.

Sa biche !

LORD SLADA.

... Ton joli museau !

LADY JANET.

Museau !

Lord Slada l'embrasse.

LORD SLADA, prenant un couteau et eventrant une cloyere

Bourriche,

Ouvre tes flancs !

Il pose une nouvelle assiette pleine devant lady Janet.

Mangeons !

Il entame tous les plats autour de lui

Les roses, ça sent bon,
Mais, tiens, respire un peu le parfum d'un jambon.
Qu'en dis-tu ? Foin des fleurs ! vive la nourriture !

Il mange, boit et mange.

LADY JANET.

Comme il parle !

Tendrement.

Qu'as-tu ?

LORD SLADA, gai.

Moi, rien. Je suis nature.

Je déjeune.

Il se penche vers elle pour l'embrasser

Un baiser, madame.

26

Il l'embrasse

Bec charmant.

Il la prend sur ses genoux Elle se laisse faire, scandalisee.

Oh ! comme ce matin, je suis ivre !

LADY JANET.

Autrement.

Elle se tourne vers le bois et ecoute.

Qu'est-ce donc que ces cris qu'on entend ?

VOIX DANS LA FORÊT.

Sus au traître !

Poussez ! cherchez ! allez tout au fond ! il doit être
Fort loin.

Apparaît dans les branches, au-dessus de la table ou sont assis
lord Slada et lady Janet, le visage d'Airolo

AIROLO, dans les aibies

Fort loin.

Lord Slada et lady Janet levent la tête.

LADY JANET.

C'est lui ! notre ami !

AIROLO, sautant a teric.

Chers amis !

C'est parbleu moi !

Il montre la table chargee de mets

Voilà le déjeuner promis.
Je n'ai pu dans le bois trouver que ça.

Il pousse près de la table une pierre et s'y assied Il prend une assiette,
un couteau, une fourchette et un verre.

Mais, vite !

J'ai moi-même assez bon appétit.

Il s'attable, se met a manger, boit, tord, avale. S'interrompant au milieu d'une bouchee.

Je m'invite.

Regardant lord Slada et lady Janet.

C'est ça, tout s'est passé comme j'avais prévu.
Réveil, puis nourriture.

Il mange

Et tout est bien, pourvu
Que ce satané roi...

Il ecoute, et se remet a manger Tout en mangeant, il remarque lady Janet sur les genoux de lord Slada.

Des mamours. C'est dans l'ordre.
En ménage, mieux vaut s'embrasser que se mordre.

Il boit.

LORD SLADA, l interrogeant.

Comment donc as-tu fait ?

LADY JANET.

Expliquez-nous enfin
Tout ce rêve.

AIROLO.

Plus tard. Un soir. L'hiver prochain.

Il mange et boit. Puis s'arrete.

Mais chut !

Il ecoute

Quoiqu'il soit doux de vider des bouteilles,
Ici ventre affamé doit avoir des oreilles.

Il se lève vivement de table, lady Janet et lord Slada se lèvent,
il leur montre la brèche du fond.

L'ennemi dépisté se rapproche. — Partez.

Il les pousse au pied de l'issue.

Une barque est en bas dans ces rocs écartés.
Manger d'abord et fuir après. C'est mon programme.
Vous êtes libres. Vite. A la voile! à la rame!
Pas d'adieux.

Tout en parlant, il les fait sortir et descendre, et leur montre du doigt
le bateau Sortent lady Janet et lord Slada.

Grand bruit Cliquetis d'armes dans la forêt On entend le tumulte
des archers revenant.

Entre le roi, suivi de Mess Tityrus, et de tous
Airolo, dirigeant d'en haut le départ de lord Slada et de lady Janet,
s'est engagé dans l'escalier On ne le voit plus.

SCÈNE SIXIÈME

LE ROI, MESS TITYRUS, LE CAPITAINE ARCHER.
LES ARCHERS, AIROLO.

LE ROI, *criant.*

Janet fuit! Slada m'échappe.

Il montre la falaise

En bas!

Ils s'en vont!

Aux soldats.

Faites feu.

designe la breche de sortie. Les soldats couchent en joue la breche
Airolo y paraît et barre le passage.

AIROLO, surgissant

Sur moi.

LE ROI, aux soldats.

Ne bougez pas !

A part.

Capitulons.

A Airolo.

Ami !

A part

Comment s'en rendre maître ?

Airolo se tourne vers l'escalier et regarde au bas de la falaise.

AIROLO.

Ils sont dans le bateau.

Il se penche du côte de la mer, et crie

Je vous rejoins !

Il saute du haut du parapet dans la barque ou sont lord Slada
et lady Janet. On le voit disparaître.

LE ROI.

Le traître !

Il s'embarque. Il m'expose au naufrage !

26.

LE CAPITAINE ARCHER.

                                        Il est temps
De tirer !

Les soldats couchent en joue le bas de la falaise.

LE ROI.

        Non !

Les soldats relevent leurs mousquets Le roi regarde au dehors

        Il part !

Il revient atterre sur le devant du théâtre

        Pourvu qu'il ait beau temps !

DEUXIÈME VARIANTE

—

AIROLO, LE ROI, LORD SLADA, LADY JANET.

. . . .

AIROLO, souriant, a lord Slada et a lady Janet

.. .. Le roi vous aime.

Bas au roi

Ici ne point broncher!

LE ROI.

Mais...

AIROLO, bas

Soyons caressant.

Les deux amants, voyant le roi, ont reculé vers le fond de la scene.

A lady Janet.

Vous pouvez approcher
Sans peur. Sa majesté n'est pas du tout méchante.

LORD SLADA.

Sire...

AIROLO.

Vive le roi! Votre bonheur l'enchante.

LE ROI, bas a Airolo

Escroc!

AIROLO, continuant

Il s'en délecte. Il l'aspire à longs traits.

Au roi.

Je vois votre pensée intime et je l'extrais.
Les avoir chagrinés, c'était votre tristesse,
Et vous en eussiez même eu des remords, altesse,
Si ce n'était contraire à votre dignité.
Vous y songiez l'hiver, vous y songiez l'été....

LE ROI, bas, en lui donnant un coup de poing

Mais ils ne sont absents que depuis trois jours, brute !

AIROLO, poursuivant.

Ce matin, l'œil en pleurs, après un peu de lutte,
En pensant qu'ils avaient des crampes d'estomac,
Vous avez dit, sautant hors de votre hamac,
A l'heure où le soleil épanouit son disque
Sauvons-les !

LE ROI.

Ne pouvoir l'étrangler !

AIROLO.

Bon roi !

A part.

Bisque !

Aux courtisans

Je suis son favori, messieurs, pour le moment.

Au roi.

Souffrez que je m'en vante, altesse, effrontément.

Aux courtisans

Je protège, du haut de mon crédit extrême,
Les bannis, les proscrits ; et le bon Dieu lui-même,

Quoique à peu près chassé par nous du ciel tonnant,
Et mal en cour, aurait sa grâce incontinent,
S'il présentait au roi, pour rentrer dans sa charge,
Une supplique avec mon apostille en marge.

A lord Slada et a lady Janet, montrant le roi.

C'est pour rire qu'il a troublé votre roman.

LADY JANET, fléchissant le genou.

Est-il vrai? Soyez bon, sire.

LE ROI, grinçant.

Dispensez-m'en.

Les deux amants reculent de nouveau. Le roi, a part.

Si! faisons bon visage à toute la séquelle.

AIROLO, à part.

Par exemple, s'il est une chose à laquelle
Je n'eusse jamais cru, c'est à ce plumeau-là!

LE ROI, entre ses dents

Toujours, pour mieux bondir, le guépard recula.

LADY JANET.

Qu'a-t-il dit?

AIROLO.

Ce n'est pas cela qu'il voulait dire.
Le roi vous veut heureux.

LE ROI.

Hein?

AIROLO.

Voyez son sourire.

Le roi éclate de rire.

LE ROI.

Oui, certe ! et je vous vais emmener à ma cour.

A part.

Au fait, ils vont sortir d'ici. J'aurai mon tour.

AIROLO, regardant les arbres

Chantez petits oiseaux, société chorale !

Au roi, montrant lord Slada et lady Janet.

Nous sommes mariés. C'est correct. La morale
A son péage en poche et n'a point à grogner.

LE ROI, a part.

Je les fais, en sortant de l'asile, empoigner.
Ça m'arrange.

Il se frotte les mains.

AIROLO, a part.

Il prend bien la chose.

LORD SLADA, saluant

Milord !

LADY JANET, saluant

Sire !

LE ROI, affable.

Vous êtes mariés, cela doit me suffire.

AIROLO.

Sur ce, l'air étant pur, le prince étant clément,
Les amants ayant faim, dînons gaillardement !

Au roi, gracieusement.

Assieds-toi, sire.

Il fait asseoir lord Slada et lady Janet sur des chaises, s'assied entre eux
sur le fauteuil, et montre au roi un escabeau au bout de la table

LE ROI, a part

Il prend le fauteuil, et me laisse
Le tabouret !

Airolo emplit les assiettes et les verres de lord Slada
et de lady Janet.

AIROLO, aux deux amants.

Buvez et mangez.

Lord Slada et lady Janet se jettent avidement sur ce qui leur est servi
et, absorbés par l'appetit, semblent ne plus rien voir ni entendre.

LE ROI.

Cette espèce
Sert quelqu'un avant moi !

AIROLO, continuant de verser du vin dans les verres de Janet
et de Slada.

Je fais passer d'abord
Ceux qui n'ont point mangé depuis trois jours, milord,
Ces époux. L'estomac qui nous presse et nous tire
Est un fort grand seigneur qu'on sert le premier, sire.
Quiconque règne vient après quiconque a faim.
Le jour où je serai précepteur du dauphin,
Une éducation qu'il faut qu'on me confie,
Je lui mets dans le bec cette philosophie.
Et, dût-il en crever, il l'avalera.

LE ROI, a part.

Gueux !
J'aurai dans un instant ma revanche.

AIROLO, versant a boire au roi

Après eux,
C'est vous, roi. — Que la joie aimable vous effleure !

LE ROI.

Je suis gai.

A part.

Patience! On va voir tout à l'heure !

Il s'asseoit sur le tabouret.

Rions.

AIROLO, trinquant avec lui

Sire !

LE ROI, tout en buvant, a part.

Ils sont pris au piège plus que moi.

LORD SLADA, buvant.

Je renais !

LADY JANET, mangeant.

Je me sens revivre.

LE ROI, bas a Airolo qui domine son tabouret du haut de son fauteuil

Homme sans foi !
Filou! banqueroutier! fourbe! âme criminelle !
Vil repris de justice ! infâme ! traître !

AIROLO, decoupant une perdrix et lui en offrant un morceau

Une aile?

LADY JANET, bas a lord Slada.

Je t'ado...

LORD SLADA, bas a lady Janet.

Je t'adore!

AIROLO.

Adorez-vous tout haut.

Montrant le roi

Il s'y plaît. — Un baiser ne serait pas de trop.

LE ROI, souriant.

Cousin, nous finirons ensemble la journée.
Pour vous mon palefroi.

A lady Janet.

Pour vous ma haquenée.

A tous les deux.

J'entends vous ramener en triomphe à Duffin.

AIROLO.

Capitale de l'île.

A part

Oui-da! serait-il fin?

Il observe le roi.

LORD SLADA, bas, a lady Janet.

Hein? Le suivre?...

LADY JANET, bas, a lord Slada.

Quitter l'asile! ami, je tremble.

AIROLO, se levant, un flacon de vin de Chypre a la main.

Il n'est pas de bonheur plus doux que d'être ensemble,
Si ce n'est le bonheur d'être seul.

Il emplit les verres de lady Janet et de lord Slada.

Chers époux!

Il emplit le verre du roi

Bois!

Il trinque avec le roi.

Mon contentement de vous voir heureux tous
Est plus grand que le roi Salomon dans sa gloire.
C'est humain de manger, mais c'est divin de boire;

27

Et l'immense rosée éparse est un cadeau
Que fait la fraîche aurore aux oiseaux buveurs d'eau.
Le vin vaut mieux. Le tort du vin, c'est qu'on le paie.
Hélas! conclusion   avoir de la monnaie.

Emplissant les verres.

A goûter de ce vin j'ose vous convier.
La vie est un fardeau, le coude est le levier.
Levez le coude ayant en main une bouteille,
Et le mal disparaît, et votre âme est vermeille.

Decoupant les viandes et scivant

Tout enfant, je pensais · Les roses, ça sent bon.
Mais, quand j'eus respire le parfum d'un jambon,
Je me suis dit : Voilà le progrès.

Versant au roi.
Je t'arrose!

Mangeant une bouchee.

Quand le jambon sera gratis comme la rose,
L'homme aura retrouvé le paradis perdu.
Chers amants, quel malheur si j'eusse été pendu!
Ah! la justice humaine est une pas grand'chose!
Mais ce prince est clement, sur lui je me repose.
Sur une borne ainsi parfois aime à s'asseoir
Le vieux fagotier las qui des forêts, le soir,
Revient avec un tas de feuilles sur sa tête.

Levant les yeux sur le rayonnement du plein midi.

L'olympe, autrement dit le ciel, est de la fête.

Il prend brusquement les deux amants par les epaules et les
fait lever.

Et maintenant, debout¹ partez!

<small>Effarement Le roi se dresse Airolo renverse la table qui croule sui le roi
et, en tombant, fait une sorte de barricade de debris entre la moitie
du theâtre ou est le roi avec les soldats et la moitie du theâtre ou est
Airolo avec lord Slada. Tumulte Airolo pousse vivement lord Slada
et lady Janet vers la breche du parapet qui est derriere lui et qui
donne sur l'escalier de la mer Tout en les poussant, il fait face au
roi et surveille les soldats.</small>

LORD SLADA.

Quoi!...

LE ROI.

Ciel!

AIROLO.

Amants!

Je vous flanque dehors. Pas de remercîments
Une barque est en bas. Faites force de voiles !
Cette sortie est libre. Allez!

LE ROI.

Tu te devoiles!

AIROLO.

Bah! tu crois!

LORD SLADA.

Mais...

AIROLO.

Prenez la clef des champs tous deux,
Je barre le passage.

LE ROI.

Archers!

LORD SLADA, a Airolo, resistant

Au milieu d'eux!

Vous seul!

AIROLO, le poussant dehors

Vous m'agacez. Pas de chevalerie.
Je suis invulnérable et fee.

LE ROI.

Aux armes !

AIROLO.

Crie !

LES SOLDATS.

Aux armes !

AIROLO, a lord Slada et a lady Janet

Partez vite ! Ils sont un peu grognons.
Mais je m'en charge. Allez !

Regardant le ciel.

Très beau temps !

Il les force a sortir Lord Slada et lady Janet disparaissent
dans la breche et s'enfoncent dans l'escalier.

LE ROI.

Compagnons !

Aux mousquets ! Feu !

AIROLO, debout devant l'issue et croisant les bras.

Sur moi.

Les soldats mettent en joue Airolo.

LE ROI, avec épouvante

Sur lui ! — Que nul ne bouge !

. . . .

TABLE

TABLE

13960 — Imprimeries reunies, A, rue Mignon, 2, Paris.

www.ingramcontent.com/pod-product-compliance
Lightning Source LLC
Chambersburg PA
CBHW050203030726
47505CB00005B/1495